英語社内公用語化の傾向と対策

英語格差社会に生き残るための7つの鉄則

森山 進／著
イングランド・ウェールズ勅許会計士
ベルギー王国税理士

研究社

はじめに

旧約聖書によると、かつて人間界の言語は一つだったという。ところが、天空まで届くような高い塔を建て始めた人間の傲岸不遜《ごうがんふそん》さに怒った神が、言語をバラバラにしてしまった。お互いの意思疎通は困難を極め、混乱の極みのなかで塔は崩れ去っていったという。「普遍性&効率性」と「多様性&人間性」のトレードオフ（二律背反）について示唆に富む寓話である。

世界には6000から7000の言語があると言われている。単純計算すると、世界約200か国として、一か国あたり30から35言語もある。言うまでもなく、これは机上の空論に過ぎない。実際のところ、言語世界における一極集中度は著しく高く、数の上では全体の1~2%を占めるに過ぎない上位100の言語が、全世界人口の9割以上で話されている。つまり、いわゆる「80対20の法則」は、言語の世界では全く成立しない。

一方、このような極端な集中状況の陰で、日々死にゆく少数言語が多数ある。そして、「勝ち組」の頂点に立つ英語は、情報化社会の進展という大波に乗り、ひたすら一人勝ちを続けている。

本書執筆にあたり様々な統計を確認してみたのだが、正確な英語話者の数はつかめなかった。参考までに、英国で最も有名な言語学者（デイビッド・クリスタル）の1993年の著書によると、英語を公用語として使う人口は、当時でさえ14億人にものぼるという（このうち、英語を第一言語とする人口は3億5000万人）。それから20年近くたっているので、英語を「母国語」「公用語の一つ」「事実上の共通言語」あるいは「ビジネス共通語」として使える人たちは、2011年の今、世界に20億人いたとしても驚くに値しないだろう。世界の人口を70億人とすると、英語話者は3割近くを占めることになる（仮に93年時点の14億人のままだとしても2割にもなる）。

人類は、異論はあろうとも、今のところ「バベルの塔」を建ててはいない。だが、人間の傲慢さが、聖書の時代をはるかに凌ぐレベルにある点については論を俟《ま》たない。そんな状況のもと、「英語一極集中化」は、我々人類に対して、いったい何を暗示しているのだろうか。

本書では、昨今話題になっている「英語社内公用語化」をテーマに、以下の3つの切り口から「日本人に必要な異文化コミュニケーション術とは何か」を論じている。

第1章の目的は、現状把握（the As-Is analysis）である。英語という存在が大多数の日本人にどのように捉えられているのかを統計等をからめて俯瞰《ふかん》してみた。また、外国語を学ぶ上での阻害要因についてもいくつか列挙して論じている。

第2章の目的は、異文化コミュニケーション術に長《た》けた各界の実力者との対話を通して、読者に「対話とは何か」をつかんでもらう点にある。もちろん、異文化コミュニケーションに関する知恵も意図的に散りばめたつもりである。

第3章の目的は、「具体的にいかに英語と向き合っていくべきか」(the way forward)に関するヒントを読者に与えることにある。残念ながら、外国語学習に王道はない。楽をしてマスターできる方法もない。しかし、効率的に学ぶ方法はある。その一部を公開した。

なお、本書では「はじめに」「おわりに」並びに「コーヒーブレイク」を除いて、読者に向かって語りかけるような口語体を意図的に用いたことを先におことわりしておく。

本書は、以上の点より、これまでの英語関連書籍とは大きく趣を異にするといえるかもしれない。金髪碧眼の上司、部下そして顧客たちの狭間で長年にわたって揉まれながら著者が体得していった「世界観」などについても意図的に光をあてていく。

異文化の壁は高く見えても低い。低く見えても高い。しかし、「原則」さえおさえておけば、必ず誰にでも超えることができる。その結果、異文化コミュニケーションの面白さ、つまり「お互いの違いを認め合う寛容の気持ちが大切だ」(agree to disagree)という「大原則」を(再)発見し、「英語という手段を用いて、いったい自分は何をやりたいのか」という問いの答えを、読者一人ひとりが導き出す機会を創り出すことができれば、著者にとってこれに勝る喜びはない。

「英語は勉強」「英語は仕事のため」とばかり考えずに、「人生を豊かにする一つの手段」とまず考えてみる。「マニュアルなき人生を自分なりに演じるための手段」、そんなふうに考えてみる。すると、自分の中できっと何かが変わりはじめることだろう。

最後に、執筆に際して、第2章で対話させていただいた方々には大変お世話になった。企画段階から研究社編集部の吉田尚志氏には大変お世話になった。これらの方々をはじめとする、お世話になった方々全員に、心から厚くお礼を申し上げたい。

著　者

「拡大欧州の首都」より

目次

第 1 章

英語社内公用語化〈傾向〉

1 〔取扱説明書〕イヌとサルが英語を学ぶということ

逆境下でも笑いを忘れることがなかったユダヤ人は、人間の一生をこんなふうに喩《たと》えています。

「1歳は王様。周りの誰もが傅《かしず》くように機嫌を取ってくれる。2歳は子豚。泥の中を走り回る。10歳は子ヤギ。元気よく駆け回る。18歳は馬。背伸びして自分を大きく見せたがる。結婚するとロバ。家族という重荷を背負って、とぼとぼ歩き続ける。中年になるとイヌ。家族を養うために人々の関心を買ったり、哀れみを誘おうと、ひたむきな努力と忍耐が必要。老年はサル。再び子供っぽくなるが、もはや誰からも相手にされない」（拙著『ユダヤ人成功者たちに秘かに伝わる魔法のコトバ』）

私は「馬」だった頃にこの話を聞き、以来「イヌ」や「サル」にならないように走ってきたつもりでした。ですが、それが「つもり」に過ぎず、自分が単なる「イヌ」だった、と痛感せざるをえない出来事に直面したのです。

「親ヤギ」の頃に英語をはじめた私は、「馬」になる頃には英語をある程度使いこなせるようになっていました。日本でしか教育を受けたことはなかったのですが、「馬」になる前に英検1級はとっていましたし、本質的には裏づけのない自信に満ち溢れていました。その後、社会人になってからロンドンに渡り２２８頁（コーヒーブレイク⑥）に記したように、自信は木っ端《こっぱ》微塵に打ち砕かれたのですが、それでも「自分には語学の才能がある」と思い込んでいたわけです。

さて、そのような過信を胸に、数年前にロシア語を始めました。興味があったわけでなく、仕事で必要性を感じたからです（つまり、多くの皆さんと同じはずです）。ところが、これが思っていた以上に大変でした。内容が大変という以前の問題なのです。まず何より、まとまった時間をなかなかとることができません。スタートラインにさえ立つことができないのです。やれ出張だ、やれ問題発生だ、と個人レッスンをしょっちゅうキャンセルせざるをえないのです。しかも疲れて帰ってきて、ビールを一杯飲むと、なかなかロシア語と向き合うことができません。予習も復習も結局やらないものですから、レッスンを受けてもその場しのぎ的な対応しかできません。結局、キリル文字はマスターしたものの、いまだに初級者のまま、レッスンもやめてしまいました。

私は様々なストレスや時間的制約を抱えて生きている中年男性として、外国語を学ぶのがいかに難しいか、人間がいかに怠惰な生き物か、ということを痛感しているつもりです。本当のところ、自分のことは自分がいちばんよく知っています。努力不足の自分。人のせいにする自分。実力不足の自分。自信のない自分。いくら言葉でごまかしても、自分だけはごまかしきれません。

受験で英語を一生懸命勉強した。

英単語をたくさん覚えて、英検に受かった。ＴＯＥＩＣの点が上がった。

なのに、うまく自分の意思が伝えられない。

仕事でも、思うように英語が使いこなせない。

外国人の前に出ると、凍りついたように緊張してしまう。

場がもたない。愛想笑いを浮かべるだけの自分がそこにいる。

結局、留学や駐在でもしなければ、英語は上手くならないのではないだろうか。

だけど、もはや自分にはそんな時間などあるはずがない。

本書は、そういう読者の方を想定して書かれています。もう一度言いますが、中年以降の読者の場合、余暇を使って英語を愚直に学ぶにはあまりにも多くの障害があります。仕事上のストレス、職場・家族・友人・知人等との人間関係・つきあい、日常的な雑務、エトセトラ。こうした制約条件のなかで、必ずしも好きではないことを「継続的に学ぶ」ことは大変なことです。一定の時間、机に向かうだけでも大変な努力を要します。それをある程度理解した上で、なんらかの「気づき」を皆さんに与えることができればと思っています。

ところで、「日本人は、中高大と10年間英語を学んでいるのにできない。だから、日本人は外国語が不得手である」という意見をよく耳にします。本当でしょうか？

確かに、多くの日本人は英語を長年にわたって学校で習います。けれども、本当に勉強時間は十分なのでしょうか。一般的に、外国語を「非ネイティブスピーカーとして運用できるレベル」に到達するまでに最低でも2000時間の勉強が必要といわれています。このうち半分の1000時間以上は、実際に音に接することが不可欠です。ところが、日本の場合、授業数だけ単純に足しても中高で1000時間に満たず、しかもその中身を考えると「音に接する時間」が著しく少ないのが実情です。2011年度に完全実施される新学習指導要領では、小学校高学年の英語が必須になるようですが、それでも絶対的に勉強時間（特に音に接する時間）が足りない状況が大幅に変わりそうな気配は感じられません。

指導方法にも問題があるのでしょう。そもそも「日本人は飽きっぽい」という通説が正しいとすると、教科書を読ませて訳すだけの単純な授業に学生が興味をもつはずがありません。外国語学習で大切なのは「継続性」です。継続して外国語に接するためには、好奇心や興味を持続させなければ誰にだって無理でしょう。そう考えてみると、英語教師がやるべきことは、本当のところ次の5つしかありません。

(1)　知的好奇心を刺激しながら教える（楽しく教えて意欲をもたせる）。
(2)　学ぶ抵抗感をできるだけ減らしてあげる努力をする。
(3)　五感を使って学ぶ術を教える。

(4) 基礎は手抜きをさせず、愚直に根気よく学ばせる。
(5) 「すぐにペラペラになる」という幻想を捨てさせる。

いかがでしょうか。頭韻を踏ませてまとめてみると、「**好**奇心と**行**動力と**根**気」。これに尽きます。さらに、天才の知恵を借りて説明してみましょう。

「人にものを教えることはできない。できることは、相手のなかにすでにある力を見いだすこと、その手助けである。――ガリレオ・ガリレイ」（拙著『人生を豊かにする英語の名言』）

そうです。結局、独学にせよ、レッスンをうけるにせよ、「自分の中にある力をいかにしてひっぱり出すか」という視点をもつことが大切なのです。実際、それが正にeducation（教育）というコトバの語源なのですから。こうした視点から社内英語化を考えてみると、上述の最低必要時間（2000時間）を満たすという意味では、好むと好まざるにかかわらず、英語に日々触れる機会が増えるので、「英語を使えるようになる臨界点」に近づきやすくなります。しかし、先述のような様々な日常的制約条件がある中で、前記の5点を満たすには、英語を社内の公用語にするだけでは、必ずしも解決できないでしょう。

私は今回、上述のロシア語学習の失敗経験を踏まえ、何名かの多言語話者（polyglot）に「外国語を学ぶコツ」を聞いてみました。

ヨーロッパには、２か国語を操る人は多数います。３か国語できる人も結構います。しかし、４か国語以上「できる」人はそれほど多くはありません。ちなみに、ここでいう「できる」とは「読む・書く・聞く・話す」の４技能全てできるということです。「聞く・話す」だけならできる人はホテルの受付の人などを含めもっと多いのですが、特に「書く」ができない人は、案外多いのです。

そこで、５か国語「できる」ヨーロッパ人何名かに聞いてみると、やはり私が想定していた答え、すなわち、すでにこの文章の前半で述べてきたこととぴったり一致していました。

外国語学習の成功方程式とは？　⇩　意欲＋時間＝成果

「なんだ、そんなの当たり前だろ」などと思ってはいけません。どんな世界であれ、成功方程式というものは、単純明快なものです。「よく考え抜かれた思考は簡潔明瞭な表現をとる」という名言があるように、物事は普遍的真理に近づけば近づくほど、短い言葉で明晰に表現できるようになるものです。いわば煎じ詰めたエキスこそ、物事の本質なのです。

そして、私が話をした多言語話者たちはこう追加しました。

「『語学の才能』などというものがあるとすれば、日常的制約条件をクリアーしながら、断続的に意欲を維持し、辛抱強くマメに毎日取り組むことができる力に他ならない」と。

「では、対策は？」というご質問ですが、これは第3章を後ほどご覧いただくことにして、その前にまずは本章で〈傾向〉を俯瞰してみてはいかがでしょうか。

最後に、より時間のある「馬」や「若いロバ」の方たち、すなわち学生さんや独身の若手サラリーマンの人たちは、自分たちが圧倒的優位性をもっている事実を再確認しましょう。本書を熟読した上で、刹那《せつな》的な欲求を抑えて毎日最低30分間、それに加えて最低でも週に1日は遊びやつきあいを断って数時間、英語と向き合うことをオススメします。もう一度言いますが、このカテゴリーに入る読者は、極めて恵まれており、それをムダにしないことです。人生の後半戦に入ってから後悔しても、もはや失われた時間は取り戻せないのですから。そして、言うまでもなく、日本の将来は皆さんにかかっているのですから、何としても英語という道具を自由に使いこなせるようになって欲しいと思います。本書はそういう思いも込めて書かれている点を付記しておきます。

2　日本企業における英語社内公用語化への動き

導入済み

・**日産**（2000年開始）

・**SMK**（2001年開始）社内文書は原則として英語で作成。日本語等の文書は必要に応じて作成。出席者の2割以上が希望すれば会議を英語で行なう。

・**スミダコーポレーション**（2002年開始）

・その他

導入予定

・**ファーストリテイリング**（ユニクロ）　2012年3月から日本語と英語を併用。

・**楽天**　2012年末までに英語化完全導入予定。すでに本社食堂のメニューやエレベーター内の表示は英語に変更済み。将来的に海外売上比率を7割まで増やす（現在は数%）。

・その他

（注）なお、楽天については「日本人同士の打ち合わせ」についても日本語を禁じ、英語に全面切り替えの予定とのこと（それ以外の会社については、日本人同士の会議の日本語は明示的に禁止してはいない）。

導入予定当事者の視点

・**ファーストリテイリング**（77頁参照）

・**楽天**　『日経ビジネス』２０１０年9月13日号「楽天が英語化する必然」という記事において、まつもとゆきひろ氏（楽天技術研究所フェロー）がＩＴ技術者の観点から次のように述べている（要旨）。

▼２００９年から国際化に本腰をいれ、欧州、中国、米国向けのシステム開発を進めている。また、海外の電子商取引企業の買収を加速させ、日本語を母国語としない社員がかなりの割合で働いている。

▼世界において、ＩＴの先端情報は9割近くが英語で発信されている。

▼コンピューターサイエンスの専門書が「英語以外」で読めるのは、おそらく日本だけだろう。日本のＩＴ技術者は、世界の中でも非常に恵まれた状況で仕事ができていたと認識すべきだろうが、こうした箱庭のような住みやすさが続くとは思えない。

▼英語がわからなければ今後、ＩＴ業界では勝ち残れない。三木谷社長は、楽天社内の技術者に危機感を抱かせることに成功した。日本だけに閉じこもっていては成長するのが難しいのだから、当然の戦略だろう。

グローバル経営を意識した日系企業の動き

以下の企業は、特に「英語化」というコトバを使ってはいないが、結果的に社内における英語の重要性が高まるような方向性をトップ等が公言している。

①パナソニック

２０１０年度新卒採用１２５０人のうち、海外で外国人を採用する「グローバル採用枠」は７５０人。２０１１年度は外国人の割合をさらに増やし、新卒採用１３９０人のうち「グローバル採用枠」を１１００人に増員。

大坪文雄社長は、『文藝春秋』２０１０年7月号で、次のように述べている。

・「日本国内の新卒採用は２９０人に厳選し、なおかつ国籍を問わず海外から留学している人たちを積極的に採用します」

・「大学で勉強していない人は就職が難しくなると思いますよ。中国人や韓国人は最低2か国語を話せて、専門知識の勉強もしています。これまでのような会社に就職してから教えてもらうという考えでは、外国人と同じ土俵に立てません」

②ソニー

2013年をめどに日本の新卒採用に占める外国人の割合を全体の30％まで高める。中国やインドなどアジアの学生の採用を増やし、外国人比率を2011年予定の2倍にする。国籍を問わず優秀な人材を集めることでグローバル競争力を高める狙いがある。（『日経新聞』2011年1月20日）

③武田薬品工業

2013年4月入社の新卒採用から、英語力を測る学力テスト「TOEIC」（990点満点）で730点以上の取得を義務づけることが明らかになった。通訳業務や海外赴任を前提とする採用を除いて、国内大手企業が新卒採用でTOEICの基準点を設けるのは極めて珍しく、他の大手企業の採用活動にも影響を与えそうだ。（『読売新聞』2011年1月23日）

④**日本電産**

２０１５年度から課長代理級以上の管理職への昇進に外国語1か国語、２０２０年度からは部長級への昇格に2か国語のマスターを条件にすると発表。

⑤**三井住友銀行**

２０１１年から、総合職の全行員約1万３０００人に、英語力テスト「ＴＯＥＩＣ」で８００点以上を目指すよう求め始めた。融資している企業が海外に進出し、国内の支店でも英語でのやり取りが必要になっているからだ。東京と大阪の本店などを試験会場にして、無料で受験できるようにする。

（『朝日新聞』２０１１年2月10日）

「英語社内公用語化」に公式に反対

・**伊東孝紳氏**（ホンダ社長）

「日本人が集まるここ日本で英語を使おうなんて、バカなはなし。英語が必要なやりとりは英語でやる。時と場合によって使い分ければいい」（『産経新聞』）

・**成毛眞氏**（インスパイア取締役ファウンダー、マイクロソフト日本元社長）

「そもそも日本人の95％に英語はいらない。総合商社や、海外に展開しようとしている会社には、確かに英語が必要な人が多いでしょう。しかし、それ以外の業界で英語ができなければならない人は、せいぜい5％くらいです」

「会社の幹部ならともかく、一般社員にまで社内で英語を使わせることに、何の意味があるのでしょうか。5年に一度のハワイ旅行のために、お金を払って英会話教室に通ったら、その人は普通、バカだと思われますよね。海外赴任の可能性もない社員に英語を覚えさせるのは、それと同じくらいムダで愚かなことです」（『現代ビジネス』（2010年8月4日号）「社内公用語が英語って、なんかちがうんじゃない？」）

・**ビル・トッテン氏**（アシスト社長）

「三木谷氏や柳井氏は世界市場を狙っているため、英語を社内公用語にすると決めたのでしょう。グローバル化をめざしていれば、そのこと自体はおかしくないと思います。但し私は、ビジネスがグローバル化する時代は終わりつつあると思います。石油の時代が終わり、石油エネルギーがなくなる中で、これからの世界のビジネスは、グローバルではなく、ローカルに向かっていく。だから日本人も、英語より日本語を磨いた方がいい。そもそも今の日本人は、日本語が弱すぎます」

（『現代ビジネス』（2010年8月4日号）「社内公用語が英語って、なんかちがうんじゃない？」）

・**亀井静香氏**（国民新党代表）
「日本人が英語でコミュニケーションする生活に変えることを、簡単にやってしまう。そういう体《てい》たらくだと日本列島は間違いなく沈没する。日本の伝統文化を尊重し、そうした中に日本の活路を見いだしていくということなので、昨年9月に民主党と連立政権を組んだ」（『産経ニュース』2010年10月13日）

3　「英語社内公用語化」への賛成論、反対論

『日経新聞』調査（2010年8月8日）
「英語を社内公用語化に賛成？ 反対？」（1032人の男女会社員対象インターネット調査）
◎**共通語を英語にすることをどう思うか？**
・「どちらかといえば」を含め73％が反対（「反対」44％、「どちらかといえば反対」29％）

・「どちらかといえば賛成」（17％）
・「賛成」（4％）
・「わからない」（6％）

◎**反対の理由は？**（重複回答あり）
・「英語だと微妙なニュアンスが伝わりにくい」（30％）
・「外国人がいる時など必要な時だけ英語を話せばいい」（26％）
・「日本企業なのに共通語を英語にするのは心理的な抵抗がある」（26％）
・「母国語を大事にすべきだ」（21％）
・「社内が混乱しそう」（18％）
・その他

◎**賛成の理由は？**（重複回答あり）
・「強制的に使うことで、英語力などが磨かれる」（47％）

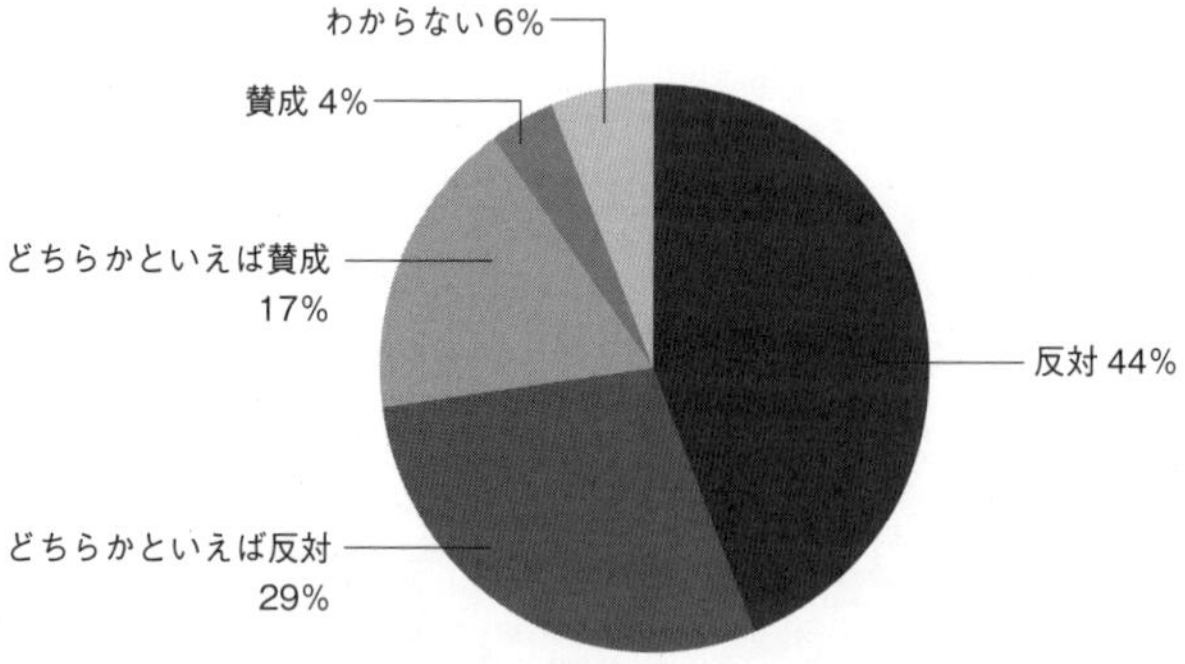

共通語を英語にすることをどう思うか？

・「海外事業の比重が高まっており、会社の発展には英語が不可欠」（40％）
・「世の中全体で英語が必須になりつつある」（40％）
・その他

◎社内で英語を使いますか？

・「全く使わない」（70％）
・「年に何回か」（15％）
・「月に何回か」（6％）
・「週に何回か」（4％）
・「ほぼ毎日」（5％）

◎あなたは英語を話せますか？

・「ほとんど話せない」（63％）
・「日常会話程度」（28％）
・「ビジネス会話もできるが改善が必要」（6％）

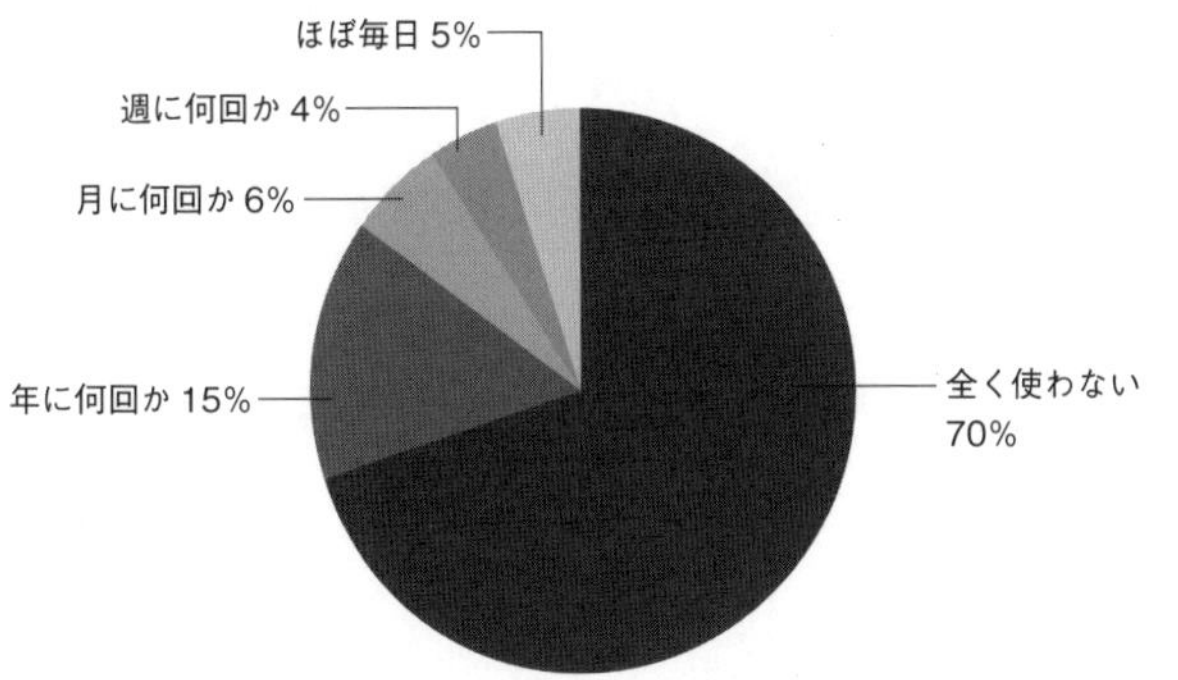

社内で英語を使いますか？

・「ビジネス会話も不自由しない」（3%）

◎ほとんど話せない理由は？（重複回答あり）

・「英語を使わざるを得ない環境になかった」（50%）

・「自分の努力不足」（44%）

・「ネイティブの英語に触れる時間が少なかった」（29%）

・その他

『産経新聞』調査（1023人、2010年7月）

◎社内公用語化に賛成か？

・YES 26%　NO 74%

◎公用語化は日本の国際競争力を高めることにつながると思うか？

・YES 35%　NO 65%

◎英語ができずに困ったことがあるか？

・ＹＥＳ 38％　ＮＯ 62％

反対論に対する著者の見解

① 「英語だと微妙なニュアンスが伝わりにくい」（30％）

⇩異議あり！

日本には多数の神話があります。その一つに「外国人は何でもはっきり主張する、白黒はっきりさせる」というものがあります。しかし、「神話」は真実ではありません。本当は、外国人も我々と似ている部分が少なくないのです。もちろん、異質な部分は多々ありますし、民族や文化による差異は確かに存在します。しかし、誰もが自己主張して成り立つ社会など、そもそも存在するはずがありません。特に、立場が上になればなるほど、すぐにＮＯとは言いませんし、様々な「ペダル」や「変化球」を巧みに使って微妙なニュアンスを伝えながら、できるだけ摩擦を最小化しようと努力します。また、根回しにしても日本の伝統芸というわけではなく、欧米では実際に日本人以上に複雑なプロセスをへて、ものごとが決まることも少なくありません。これが現実なのです。

つまり、大人同士のコミュニケーションにおいては、日本の初学者向けの極端に単純化した英語マニュアルにあるような「直球表現」一本槍では、通用しないのです。むしろ、英語を学ぶことで、英語という道具を使った異文化コミュニケーションの奥深さを知り、これからの時代に不可欠な対話の重要性や世界観を自分なりに確立するきっかけとなるはずです。

②「外国人がいる時など必要な時だけ英語を話せばいい」（26％）

⇩賛成　but…

私が勤める英米系の会社のベルギー法人では、基本的に英語が公用語ですが、フラマン語（オランダ語）話者同士の場合には、フラマン語で話します。また、フランス語話者同士では、フランス語で話します。しかし、英米人や日本人など少数派がいる会議では全て英語になります。また、フラマン語話者とフランス語話者のみの時も、英語になることがあります（これはベルギーの場合、二言語社会における微妙な緊張関係が原因ですが）。私はロシア法人にも属しているのですが、そこでも同じで、ロシア人同士ではロシア語、ロシア人以外がいるときは英語です。

但し、これは「誰もがいつでも英語に自由に切り替えることができる」という前提のもとに成立しうるルールです。日本企業の場合、冒頭で述べたように、英語学習時間が足りていないので、まず自由に日本語から英語にスイッチを切り替えられる人がどれだけいるのか、という問題があります。それに加え、共同体的な心性・内在的論理がありますので、日本語を許容してしまうと、しばらくすると、なし崩し的に全て日本語になってしまうリスクを孕《はら》んでいます。もしこの2つの問題をクリアーできるのであれば、日本語と英語の「二刀流」を導入することは特に問題ないように思われます。

③「日本企業なのに共通語を英語にするのは心理的な抵抗がある」（26％）
⇩賛成　but…

まず最初に前提を整理したほうが良さそうです。ここでいう「共通語」とは何でしょうか？「the 共通語」（英語のみ）なのでしょうか？　それとも、「a 共通語」（共通語を日本語プラス英語等とする）なのでしょうか？　これは企業ごとに諸事情を考慮して決めるべき事項でしょう。例えば、楽天は前者、ユニクロは後者の方法を採用しているようです。

さて、「心理的抵抗」ですが、心理的抵抗を感じるからといって反対すべきなのでしょうか？　人間は誰でも初めての経験をする前に「心理的抵抗」を感じる生き物です。従って、そう感じるのは当たり前で、自然なことです。しかも、「心理的抵抗を感じることには反対する、やらない」という立場をとるとすると、人間は何のチャレンジもできなくなります。今、抵抗なく皆さんが自然に行なっている行為の中に、どれだけ「最初は心理的抵抗を感じたこと」があるのか数えてみてください。自転車に乗ること、泳ぐこと、初めて幼稚園に行くとき、初めて会社に行くとき、などなど。人によって違うかもしれませんが、この数がゼロの人はこの世にいないでしょう。実際は、ほとんどの行為について、人は最初、心理的抵抗を感じるものです。その意味で、これは次項と同様、詭弁《きべん》（論点変更の誤謬《ごびゅう》）の一種といえましょう。なお、「心理的抵抗」を誘発する理由の一つに「母国語を大切にすべき」という点があるかもしれませんので、それについては次項をご覧ください。

蛇足ですが、せっかくですので、（日本の学校では教わりませんが）よく使われる英語口語の構文を覚えておきましょう。

【構文】Just because ... doesn't mean that ...（…だからといって、…というわけではない）

（例）Just because you find it uncomfortable doesn't mean (that) you shouldn't do it.

（心理的抵抗があるからといって、やるべきではないということにはならない）

④「母国語を大事にすべきだ」（21%）

⇩**賛成　but…**

「母国語を大切にすべきだ」という点について、単独で考えるとすれば、もちろん賛成です。しかし、「英語社内公用語化を反対する理由」には全くなっていません。「母国語を大事にすべきなので、英語社内公用語化に反対する」という主張は、ロジックが壊れています。これも「論点変更の誤謬《ごびゅう》」（*mutatio elenchi*）、すなわち議論すべき論点を無視し、都合よく別の論点とすり替えてしまう、古代ギリシャに遡る古典的な詭弁術の一つです。

また、「日本語 vs 英語」という「A or B」の論調も気になります。両刀論法（dilemma）として知られる詭弁術です。アメリカの有名な小説家ジョセフ・ヘラーの主要作品に *Catch-22* という小説があります。この小説の主人公は軍人なのですが、精神障害を理由に除隊願いを出します。ところが、上官は「除隊を願い出る意志があるのなら、精神障害とはいえない」との理由で除隊を認めませんでした。ＹＥＳと答えてもＮＯと答えても、自分の欲する結果が得られない意地悪な論法です。ここから転じて、こうした両刀論法やそういうジレンマの状態を「Catch-22」と言うようになりました。

本当は、日本語も英語も両立できます。「A or B」ではなく「A and B」なのです。いやむしろ、英語を学んだほうが、日本国、日本人、そして日本語を相対化して見ることができるようになり、今まで決して気づかなかったものが見えてきます。悪い面も良い面も両方見えてきて、それを正反合《せいはんごう》して、母国、母国語に対して本当の意味で愛情をもって接することができるようになります。つまり、外国語を学ぶと、必ず自国文化に戻ってくるのです。また、論理性や表現力等の観点からも、日本語をより上手く使うことができるようになるのではないでしょうか。少なくとも私個人の経験から、この点が正しいことを自信をもって断言できます。

⑤「社内が混乱しそう」（18％）

⇩異議あり！

人間は変化を嫌う生き物です。また、人々で構成される組織も変革を嫌います。特に、第2章（冨山氏との対話）で述べたように、生き物的な側面をもつ日本の「共同体組織」（カイシャ）の場合、この傾向は顕著なものになります。従って、社内英語化の話に限らず、どんな組織変革案であっても、一時的に組織は混乱します。一方で、変革しなければ、組織が衰退していくとすれば、この理由をもって変革に反対することは、本当に正しいといえるのでしょうか。むろん、英語を使わずに衰退しない会社もあるかもしれませんから、この問いに対する答えは、会社によって異なるでしょう。但し、先行きが見えない世界においては、最悪の状況を想定した上で、前倒しで準備しておくことが、古今東西におけるサバイバル方法の定石である点を指摘しておきます。

以上、著者なりの反論を試みましたが、「社内で英語を全く使わない」人が70％にも上るという事実は由々しき問題です。調査ごとに母集団が異なるとはいえ、「総論レベルでは、日本企業における英語浸透度は著しく低い」と結論づけられるでしょう。実際、G8の国で、国際化をしている主要企業の幹部や政治家に英語でインタビューをするのが難しい国というのは、日本とロシアを除けば存在しないと言っても過言ではないのです。

4　企業側の狙い（本音&建前）

さて、企業側の狙いはどこにあるのでしょうか。

ユニクロ柳井氏の主張は明確で（77頁参照）、いくつか理由がありますが、社内的には「グローバルワン全員経営のために、英語という共通ツールの導入が不可欠」だそうです。

一方、楽天の三木谷氏の主張の要旨は次の通りです。（「東洋経済オンライン」２０１０年6月16日「英語ができない役員は2年後にクビにします」）

・国境や国という概念が大きく変わっている中で、唯一大きく取り残されているのが日本。
・「日本人は手先が器用」「モノづくりの国ニッポン」なんて言っていたら、モノはつくっても利益を全部もっていかれることになりかねない。ダイヤの原石はアフリカで採られているけれど、儲けているのはヨーロッパ。そういう事態になりかねない。
・英語化の目的は2つある。一つは、世界一のインターネットサービス企業にするため。もう一つは、楽天が変われば他の会社にも影響を与えられる点。「やっぱりやらなきゃ」という意識が広がるきっかけになればいい。

・昔から「英語だけしゃべれて仕事ができない奴がいっぱいいる」という人が必ずいるが、もう英語が必須条件。読み書きそろばんと同じ。その意味で、英語がしゃべれない社員は問題外。

以上、ユニクロ、楽天の視点を見てみましたが、導入を検討している日本企業全般に共通する思惑として、さらにいくつか「企業側の狙い」を列挙しておきましょう。

・拡大するアジア・ビジネスへの対応を強化するため。共通言語を徹底することで、国境を越えた社員間の意思疎通をより高度化し、シナジー（相乗効果）を追求する。
・経営幹部にとって、海外との情報交換や管理が容易になるため。インターネット社会が英語圏を中心に急速に発展していった経緯もあり、英語を用いた情報収集能力は日本語のそれと比較して数倍以上であることは論を俟《ま》たない。社内英語化により、組織の情報収集能力の高度化のみならず、情報精度の向上も期待できよう。
・人事戦略を高度化するため。「企業は人なり」、the war for talent（世界中で激化する「人材獲得合戦」）に参加し、有能な人材を採用し、育成していくため。人事部も共通言語を用いて世界中の拠点とよりきめ細かなコミュニケーションを徹底していく必要がある。
・財務報告能力を高度化するため。経理部門もＩＦＲＳ（国際財務報告基準）導入で世界との距離が縮まるので、共通言語に基づくコミュニケーションを密にしていく必要がある。

・海外拠点に眠っている暗黙知を顕在化させるため。国境を越えたナレッジマネジメントが競争力強化のためにより重要となっていく。

・変わりゆく日本に対処するため。日本の人口減少（少子高齢化）と国内市場の縮小は今後も続く。このため、海外市場を積極的に攻略していかなければ、将来の展望が描けない。国際化は死活問題である。

このように、グローバル化が加速度的に進展していくうねりのなか、「英語という共通プラットフォームを導入することで、効率的に全世界経営を行なうことが可能となる」という企業側の思惑が見えます。

なお、進化論の提唱者、チャールズ・ダーウィンが言っているように「最も強い種ではなく、最も賢い種でもない。環境の変化に最も敏感に適応する種が生き残る」(It is not the strongest of the species that survive, nor the most intelligent, but the ones most responsive to change.) とすれば、「変化に対応できない人材は淘汰される運命にある。それは致し方ない」という本音も見え隠れしています。特に、飽和状態の国内市場に将来の展望が見いだせない業態の場合、英語ができない社員の使い道が将来的に限定されてくるという蓋然性は否めないでしょう。

例えば、本書を上梓《じょうし》するにあたって、もはや版元は活字を組んでくれる人を必要としません。しかし、かつては職人（植字工）さんたちが印刷会社にはいたものです。この人たちが直面したのは、コンピューター化でした。それに対応してコンピューターという「道具」を自在に使えるようになった人たちは同じ会社、または業界で生き残ったでしょうし、そうではない人は、残念ながら職を変えなければなりませんでした。英語化もその意味では同じで、ある技術が陳腐化し、その事業から撤退する際に行なわれる合理化とロジック的には変わらないはずです。このため、「だから、英語化が悪い」という結論につなげるべきではないのです。

コーヒーブレイク①

「議論のDNA vs 沈黙のDNA」

大正時代に阿波研造という弓道の師範について弓術を学んだドイツ人がいます。哲学者オイゲン・ヘリゲル。弓術をスポーツと考えた他の欧米人と違って、ヘリゲルは弓道の精神を学ぶ覚悟で阿波師匠の門をたたきました。

しかし、実際に始めてみると、異文化の壁の高さは想像を絶するものでした。日本の伝統芸の世界ではより一層この傾向が強いようですが、言葉を使って理路整然と技術を教える、という考え方がそもそも根底にありません。たいてい師匠は無言で、たまに口を開けば「弓を射ることは、弓と矢をもって射ないこと」などという、禅問答のような会話を展開します。日本人でも混乱するのですから、おそらくヘリゲルの頭の中は混乱を極めたはずです。

しかし、ヘリゲルは辛抱強い男でした。見様見真似で少しずつコツをつかんでいく過程で、無心、つまり自然体の重要性に気づくのです。

ところが、師匠はそんな彼を一蹴《いっしゅう》したのです。

「あなたは無心になろうとしているが、それは故意の無心である。それでは先に進めない」

このエピソードは、異文化の壁を打ち破る上で、重要な示唆を与えてくれます。母国文化と異文化の違いは、頭でわかっているつもりでも、なかなか本当には理解できないものです。悪気はなくても、無意識のうちに欧米の不文律を犯す日本人は後を絶たないのです。

「言わなくてもわかるはずだ」という幻想

「この案、なかなかいけそうだね」「そうだね、これでいこう」

腹芸、阿吽《あうん》の呼吸、以心伝心。読者の皆さんの職場でもよく見かける光景ではないでしょうか。伝統的に、日本人は短く伝えることが得意です。ある意味で、細部の論理を第一に考える欧米人よりも、日本人は高い視点から瞬時にものごとを判断することに長《た》けているともいえるでしょう。

一方で、短文化や非文化傾向は、論理の蔑視にもつながっていきました。論理を追求したり、たくさんの言葉を用いてより明確に説明しようとすると、「理屈っぽい」「あからさまだ、ずけずけ言うな」「巧言令色、鮮矣仁《すくなしじん》」等とたちまち一蹴されてしまう土壌が日本にはあります。これはビジネスでも決して例外ではなく、契約書ひとつをとっても、この傾向は否めません。

「理屈っぽい」という表現の裏には、「言わなくてもわかるべきだ、わからなければ相手が悪い」と考えがちな日本人の精神構造が潜んでいるのではないでしょうか。何よりも大切なことは、以心伝心、つまり相手の気持ちを察する能力であり、空気を読む力であり、それをせずに「ごちゃごちゃ」言う相手はマナー知らずの鬱陶しい存在として一蹴されがちなのです。「とにかく、やり直せ」「ダメなものはダメだ」と上司に怒られた経験のある方は少なくないでしょうが、こういう時、案外その上司の頭の中では、具体的に何が問題かを明確には把握していないこともあるはずです。

短文化傾向は、言い換えれば、なんでも「自明」として省いてしまう省略志向ともいえるでしょう。「そんなわかりきったことを言わせるな、言うな」という発想です。こうした非言語化は、文化としては大切ですし、その良さもわかるのですが、議論においてはデメリットが目立ちます。まず、普段から言葉を使って論理的に考える機会が減ってしまいますし、次に述べるように議論しなければならない局面でさえ効果的な対話ができない人たちが生まれます。

言葉を大切にする文化においては、言わなければ決して伝わりません。「言わなくてもわかるはずだ、察することのできない奴が悪い」というのは、思い込みに過ぎません。異文化コミュニケーションでは、役に立たない甘えなのです。

大切なことは、世界には言わないとわかってくれない人たちもいる。そういう異質な人たちとつき合っているのだ、と認識することです。お互いの違いを認めて、寛容の気持ちで接すること、それが異文化コミュニケーションの基本なのですから。

「ハート」（感情）の日本、「マインド」（理性）の欧米

ある外資系日本法人の社長だったAさんは、ある日、出張中の本社役員（米国人）からホテルの部屋に呼ばれました。部屋に入るや否や、嫌な感じはしたのですが、その予感は見事に的中しました。「君のパフォーマンスには落胆した」という言葉から始まり、お前の無能さには呆れた、お前のせいで本社は莫大な損失を被った、と延々と演説を聞かされた挙句、即刻退任を迫られました。この種の人格攻撃に慣れていないAさんは、完全に頭に血が上ってしまいました。

そんな矢先、役員の横に座っていた弁護士が、「この書類にサインしてください」とおもむろにつぶやいたのです。カッとなっていたAさんは、特に契約書の内容を詳しく読むこともなく、「ごたごたと煩い、辞めてやる」と啖呵《たんか》を切ってサインしてしまいました。その契約書には、2年前の社長就任時に決めてあった様々な解任時の手当てを無効とする内容が記されており、それにサインすることで「同意」したAさんは、本来もらえたはずの解雇金パッケージの一部をもらい損ねました。

ハートの部分では頭に来ても、マインドを切り離して、冷静に対処するべきだったのです。稚拙な恫喝《どうかつ》にのまれずに、「弁護士と相談してからご連絡させていただきます」と早めに部屋を後にしていれば、そんな状況は簡単に回避できたのですが。

このように、日本人は「感情と理性」あるいは「人格と主張」を切り離すことが得意ではないよ

うです。ところで、日本の英和辞典では、「ハート」も「マインド」も同じく「こころ」と訳されています。しかし、この２つは本当に同じなのでしょうか？

答えはＮＯです。

ハートとマインド。実は、この２つは対極にある言葉なのです。

ハートは感情（こころ）であり、マインドは理性（あたま）のことです。

一般的に、日本人は「心を説明するには多くの言葉を必要としない、頭で考える必要はない」と考える傾向があるようです。一方、欧米人やインド人あるいは中国人は、「心の解釈には、多くの言葉を必要とする、頭を使う必要がある」と考えます。精神分析学が欧米で発達したのもそこに端を発するからではないでしょうか。

宗教にしても同じです。ある意味で、心の在り方を論じるものですから、言葉を駆使すれば表現可能なものと考えられているのかもしれません。確かに、主要宗教においても、膨大な経典が残されています。仏教においても、経典の数は多く６０００近くあるといわれていますが、その原典の多くはインド人によって書かれ、中国人によって翻訳や解釈されたものでしょう。

一方、日本の宗教はどうでしょうか。一説では「経典がない宗教」といわれる禅宗を例に考えてみましょう。曹洞宗の開祖である道元には、経典、つまり言葉による釈尊の精神の概念化が、感覚的に受け入れられなかったのかもしれません。その証拠に、『正法眼蔵《しょうぼうげんぞう》』は、「文字や言葉では真理は伝えられない」という前提のもと、極めて感覚を大事にして、悪くいえばロジック抜きで、書かれています（但し、そもそも宗教にロジックがあるべきかという問題は残るのですが）。

道元は、不立文字《ふりゅうもんじ》、教外別伝《きょうげべつでん》、直指人心《じきしにんしん》などという言葉を基本概念として、禅宗を広げていったのですが、要するに言葉に囚われずに、修行を通して、ありのままを心で感じなさい、お釈迦様の気持ちを感じなさい、という教えに集約されます。これは、正にここで言う「議論においては相手の気持ちを以心伝心で汲み、ハートで感じなさい」ということになるのではないでしょうか。

議論に「心と心のふれあい」などない

こうした環境のせいか、政治家も好んで「心と心のふれあい」という表現を用いて、民衆の「こころ」に訴えかけます。特に、政治家の失言の言い訳には、「真意は経済協力よりも、相互の国民的理解を前提とする心のふれあいを強調することにあった」などと、頻繁に使われているようです。この表現は(have) a heart-to-heart talkなどと訳されますが、少なくとも欧米人の感覚では、国家レベルで「ハート」などありえず、ピンとこないでしょう。そもそも、言い訳にさえなっていないのです。あるのはmeeting of the mindsです。「心と心」の対極にある「コトバとコトバの接触」のことです。言い換えれば、「頭と頭のふれあい」「原則と原則のぶつけあい」のことです。国レベルで言えば「イデオロギーとイデオロギーの接触」と言ってもいいかもしれません。「違いを認識した上で認めあう」（agree to disagree）という異文化コミュニケーションにおける基本姿勢を彷彿とさせる表現です。

もしかすると、日本人の議論下手の原因の一つに、heartもmindも「こころ」と捉えてしまう感覚が挙げられるかもしれません。欧米人は、原則として、国レベルはおろか、会社の会議でも、a heart-to-heart talk（心と心のふれあい）などありえない、と考えます。「心と心のふれあい」は家族やごく親しい友人の間で成立しうる感情の世界の出来事であり、「こころは、そう簡単には他人に見せるべきものではない」と考えられているのです。ところが、「原則論はそのへんにして」が口癖の日本人には、これがピンとこないのです。

もちろん、日本人に限らず欧米人とて「人間はみな理屈よりも感情の動物」と言うこともできます。しかし、欧米では、なかば強迫観念的に「議論において感情は出すな。何として

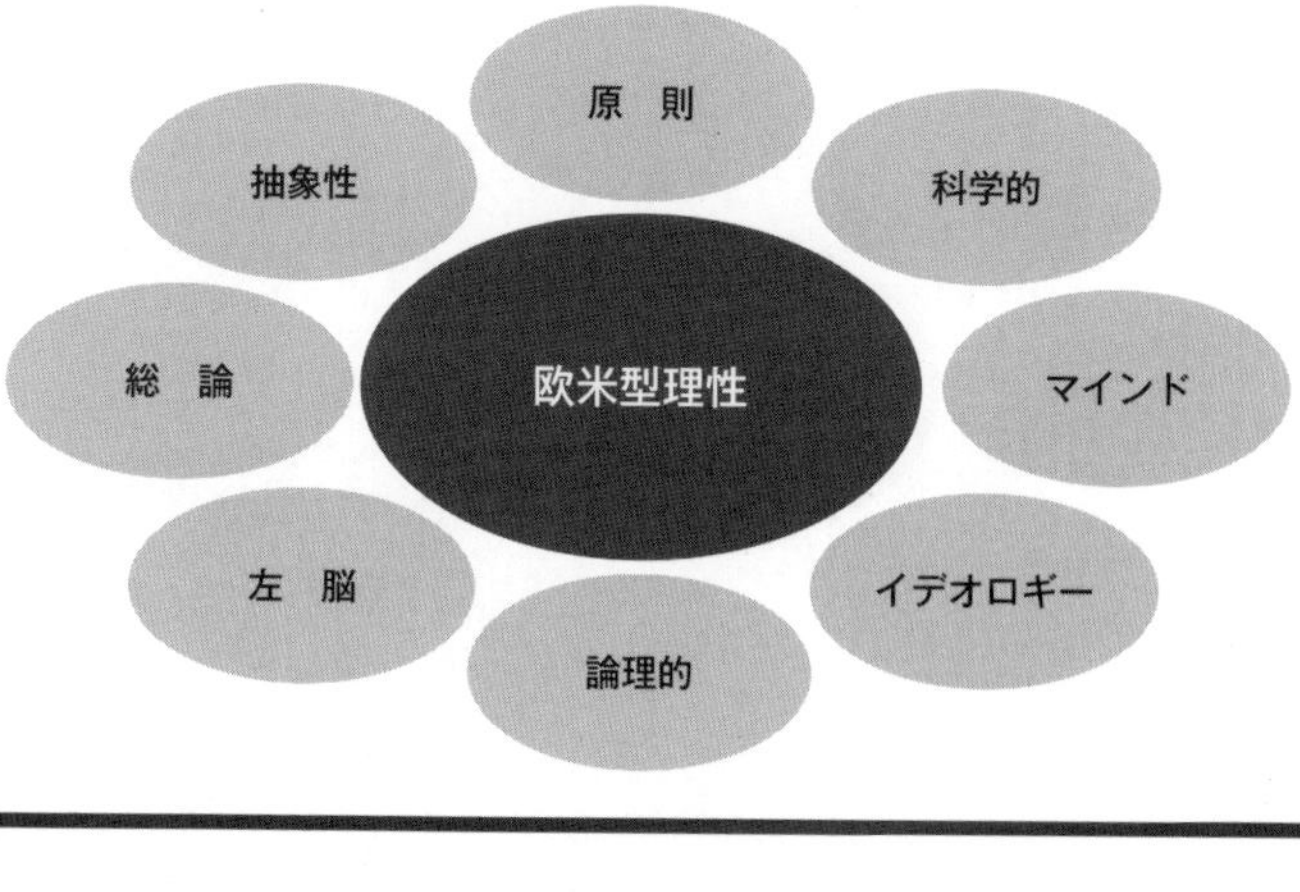

も抑えろ。原則に忠実たれ」と考える人が多いのです。このため、感情論の対極にある論理、つまり（日本人が生理的に受けつけない屁理屈に近い）「理屈」を用いて説得を試みるのです。

「理屈は美徳」と考えられている社会で暮らす人々（欧米人）と「理屈は悪癖」とみなされる社会で生きている人々（日本人）。そのまま議論をしても噛み合わないのは明らかではないでしょうか。

対話の文明

1929年、アメリカの教育界に激震が走りました。ロバート・ハッチンスという人が29歳で名門シカゴ大学の総長に就任したのです。就任後、ハッチンスは変革リーダーとして、次々と大学の改革に乗り出しました。特に、大学は「知」を養う場所である、という信念を貫き、当時趨勢になりつつ

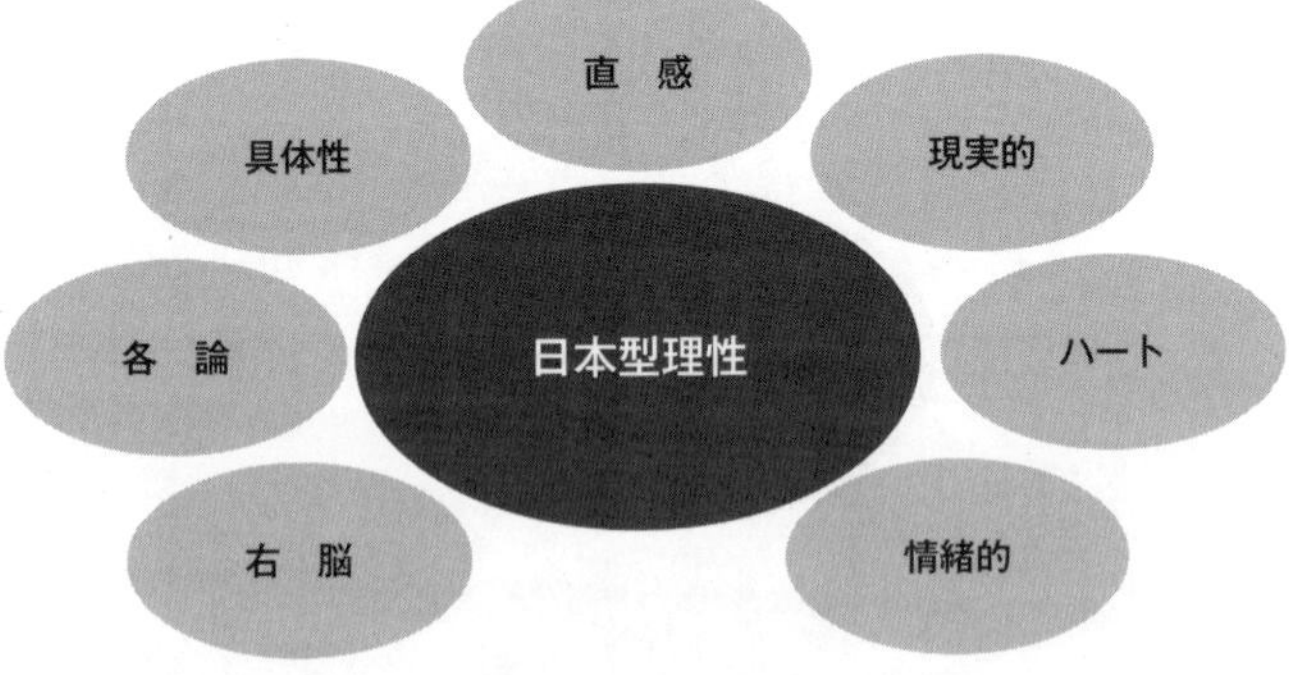

あった専門教育や職業訓練の場としての大学の位置づけに対して懐疑的な立場を表明しました。

その彼が、The Tradition of the West（西洋の伝統）というエッセーの中で次のように語っています。

The goal toward which Western society moves is the civilization of the dialogue. The spirit of Western civilization is the spirit of inquiry. Its dominant theme is the Logos. Nothing is to remain undiscussed. Everybody is to speak his mind. No proposition is to be left unexamined. The exchange of ideas is held to be the path to the realization of the potentialities of the race.

「西洋社会が目指すものは、対話の上に成立する文明である。西洋文明の精神とは問い続ける精神である。その根本にあるものがロゴスといえよう。何事も議論なくして済まされることはない。誰もが自分の考えを口にする。どんな問題提起も検証せずに放置されることはない。意見・異見を交わすことこそ、我々の持つ可能性を確実に顕在化させる術《すべ》なのである」

ここでいう「問い続ける精神」とは何でしょう？

まず、「問い続けること」は簡単ではありません。質問というものは、自分で問題意識を持って考えなければ出てこないからです。考えれば考えるほど、疑問は生まれてきます。何事に対してもそういう姿勢でいると、自然と思考力がついてくるものです。しかも、情報化社会の中で有用な情報を取捨選択するための目、つまり健全なる猜疑心も養うことができます。

常日ごろから、問題意識を持って、ものごとを考えていく姿勢と疑問を呈する勇気こそが西洋文明の美徳である、とハッチンスは主張したのです。筆者がたまたま「議論のＤＮＡ」というコトバを思いついたのも、きっと潜在意識レベルで、このハッチンスの言葉に大きな影響を受けていたからだと思います（ちなみに、第２章の内永氏との対話で出てくるアスペン研究所の創設にハッチンスは大きな影響を与えています）。

但し、筆者は欧米礼讃をするつもりは一切ありません。何事も、見る角度によって、陰と陽があるからです。西洋文明は、ある面からいえば、殺戮と強奪の歴史でもあり、これは21世紀の今日まで受け継がれています。世界中の紛争において「対話の文明」が活かされてきたかは、議論が分かれるところです。

しかしながら、筆者があえて強調したい点は、「違いに対して寛容の気持ちをもって接する姿勢」の重要性です。つまり、異文化を絶対化せずに、良い面から「真似《まな》」び、自国文化の弱い面を補完していく姿勢のことです。この姿勢を体得できた人は、今後ますます国際化が深化していく潮流の中で、より豊かな人生をおくることができるのではないでしょうか。

5　日本人に必要な英語の種類とは

第1種

「日本人に必要な英語」といっても、様々なレベルの英語があります。大多数の日本人に必要なのは、一言でいえば「サバイバル英語」といえましょう。「とにかく生きていくための英語」で、誰でも習得できるレベルです。

これにはある程度類型化して覚えることができる応酬話法のパターンがあります。それを知らないと窮地に陥りますが、パターンさえ覚えてしまえば、ほとんど脳味噌を働かさずに対処できるレベルといえましょう。本屋さんにある日本のマニュアル本は、まさにこの「第1種」の英語を想定しており、その精度も見事なレベルにあります。巷に溢れている各種英語本をご覧になれば、場面別の表現を覚えて、十分対応できるでしょう。

最近、フランス人のジャン＝ポール・ネリエール氏が提唱している非ネイティブ話者のための国際（英）語「グロービッシュ」（Globish）は、一言でまとめると次のようになりますが、本書でいう「第1種」と「第2種」の中間といえるかもしれません。

・１５００語の語彙で十分。
・仕事や旅行の９割をカバーできる（文化など教養を要するテーマを扱うには不十分）。
・熟語、比喩等を使わない。
・短期間で習得できる。
・その他

第2種

このカテゴリーは、日本企業の人が、自分の会社の海外子会社などで使う英語です。「先方は仕事上、日本人と話をしなければならない」という限定された状況における英語で、「仕事に必要な単語」「中学校で習った文法・構文」「最低限のリスニングスキル」があれば、必ず乗りきれます。会話についても、「自分のほうが仕事の中味は詳しく知っている」というプライドと気迫が後押ししてくれるはずです。「単数・複数とか、現在・過去・未来、活用形など、文法上の間違いなんて一切気にしなくていいんだ」という割り切りが、自分の中でできた時点で、合格点はとれたと思っていいでしょう。

現地スタッフも、日本企業に勤めているわけですから、平均的な現地人よりも日本人の扱いに慣れているはずです。従って、簡単な単語を使って意図的にゆっくり話してくれたり、「あなたの言いたいことは、こういうことなんですよね?」と言い直しをしてくれたり、いろいろな形で気を遣ってくれるはずです。

日本企業ではなく、現地企業に勤めている人であっても、自分の会社と取引関係にあるサプライヤー会社等、あなたの会社がお客さんである場合のコミュニケーションであれば、同様でしょう。「聞いてあげたいんです」「どんどんおっしゃってください」という雰囲気に満ち溢れた状況において必要な英語が「第2種」です。このため、大変心地良い、「日本人に優しい」環境下で会話が成立します。

但し、「特殊な環境下でしか通用しない英語」という事実を都合よく忘れてしまい、「俺は英語ができるんだ」と錯覚をおこす人もでてきます。そうなると、進歩はそこでパタッと止まってしまいます。もっとも、そういう環境にどっぷり漬かっていると「自分がいかに恵まれた環境にいるのか」という境地には、なかなか到達できないのが人間の性《さが》とも言えるので、言うは易し、なのですが。やはり、この視点は、「第3種」の存在に気づくような経験、あるいはそれを必要とする経験がないと、なかなか気づくことができない盲点なのかもしれません。

なお、これからこういうケースは増えていくはずですが、日本企業が外国企業に買収された場合はどうなるのでしょうか?

この場合、買収当初は、「第2種の英語」で足りるかもしれません。しかし、時間がたつにつれ、文化の融合が進み、次第に「第3種の英語」が要求されてくるはずです。

それから、親会社が日本企業か否かにかかわらず、相手が英語圏出身者でない場合、英語の多様性の厚さを経験するのも、このステージかもしれません。国によっては、「ひょっとして、この人、英語を話しているのだろうか？」というくらいひどい訛りや、滅茶苦茶な文法の英語などにも遭遇することでしょう。そういう状況下では、「意思疎通をするんだ」という双方の強い意志だけが頼りになるので、書面で確認を取りあったり、様々な自助努力が必要になります。

実際、非ネイティブスピーカー2名でコミュニケーションを取る場合、仮に2名の平均英語理解レベルが70％だとすると、70％×70％＝49％で、双方の理解レベルは50％以下になります。3名だと34％。4名だと24％。もちろん、これは数字上のマジックに過ぎず、机上の空論でしょう。それでも、人数が増えていくと、全員の理解度は確実に下がっていきます。これは、日本人同士でもそうなのですから、非ネイティブスピーカー同士のコミュニケーションにおいて、細心の注意を要するのは明らかです。このように、英語の多様性との対峙の仕方を覚えるのも「第2種の英語」習得ステージといえましょう。

第3種

このカテゴリーの英語は、本書で想定する「中級者以上の英語」であり、日本企業という環境から離れ、日本人に対する特別扱いなし、という環境下で使うレベルのものです。第2種と比較すると、「お前が面白い奴なら聞いてやってもいい」「気分が乗らなきゃ聞いてやらない」の世界となります。日本の国内市場の縮小を鑑みて、今後、海外市場において自社製品を売らなければ生き残ることができない日本企業が増えてくるとすると、この「第3種の英語」のニーズを痛感する人も増えてくるかもしれません。日本人という根っこに立脚し、相手の文化的背景を理解し、英語を使って中身のある議論、会話を展開できるレベルです。当然、日本、日本人、そして自分自身についても、英語を用いて自然体で語ることができます。

また、第2種のところでも触れましたが、英語とローカル言語が複雑に入り混じった独特の職場言語が時間をかけて醸成されて、会社のソトとは異なるもの、つまり別の空間を形成するケースにおいても、積極的にリーダーシップを発揮して多様なバックグラウンドの人材をまとめていくには、「第3種の英語」が必要となってくるはずです。

必要な英語レベルは？

第1種と第2種の場合は、基本的に「中学英語」で十分でしょう。換言すれば、基礎的な文法・構文と表現を覚え、「自分の専門分野の語彙」、つまり、研究開発なり、生産なり、営業なり、管理部門なりで使われる語彙を増やしていくことで、基本的には足りるはずです。但し、第2種の英語については、それだけでは不十分で、ロジックやレトリックを用いた「大人の英語」、つまり白黒をはっきりさせない婉曲表現だとか、いろいろな高等テクニックについても、ある程度は慣れておく必要があるでしょう。

もっとも、基本的には、第1種から第3種まで、コミュニケーションというくくりでは同じですので、「自分の人間性をいかに相手に伝え、共感を得るか」という視点は、どのカテゴリーであっても、肝に銘じておくべきでしょう。そのためには、やはり何よりも、母国や自分に誇りをもち、語るべき自分を確立することではないでしょうか。これが異文化の厚い壁を突き破るのです。表現等のテクニックに走る前に、まずはこうした心構えについてじっくり考えてみる価値があるはずです。初心者レベルであっても、「大人の英語」の大切さを意識するだけで、だいぶ違ってくるはずです。

なお、英語圏のネイティブ話者が使う英語と、第二言語として使われている英語とは著しく違います。ネイティブの英語は、いろんな意味で容赦ないものです。言語とは、文化そのものですから、英語圏の古典・歴史・宗教にはじまり、その国で話題になった出来事や人物など、様々な背景がわからないと、含みのある言い回しや皮肉あるいは笑いなどに全くついていけないでしょう。

例えば、「ドリフターズ」という言葉を聞くだけで、我々の脳裏には、いかりや長介の独特の顔や、彼らが繰り広げるドタバタ喜劇が浮かびます。そして、「ワンパターンの中の笑い」という概念も思い浮かべることでしょう。また、「祇園精舎の鐘の声」と聞けば、「諸行無常の響きあり」など、それに続く『平家物語』の有名なフレーズが浮かび、さらに冬の京都の八坂神社の風景を思い浮かべる人もいるでしょう。教養人の読者の中には、昔訪れたインドの寺を思い浮かべる人もいるかもしれません。言葉とはそういうことなのです。この壁を乗り越えて、自分の英語を確立していく段階が「第3種の英語」レベルといえるのではないでしょうか。

最後に、これは「グロービッシュ」等の提唱者と著者が根本的に意見が異なる点ですが、第1種ならびに第2種の英語学習者は、必ず英語圏の人間から正当な英語を学ぶべきだと考えています。「型」を覚える前に崩してしまうと、「形」にはなりません。崩し始めるのは、「第3種の英語」レベルに到達してからでいいのです。これは日本の芸道でも同じことです。

6　公用語としての英語導入の阻害要因

本章ですでに述べたアンケート調査結果（15頁参照）で7割以上の人たちが英語の社内公用語化に反対していますが、その背後にある問題を考えてみたいと思います。

「沈黙は金」の本当の意味とは

「沈黙は金なり」というヨーロッパの古い諺があります。試しに、何人かの日本人にこの諺に似た日本語を挙げてもらいました。

「口は災いのもと」（俚諺《りげん》）
「言わぬが花」（俚諺）
「ことば多きは品少なし」（俚諺）
「物言えば唇寒し秋の風」（松尾芭蕉）
「男は、風呂、飯、寝る」（俚諺）
「男は黙ってサッポロビール」（40年前のＴＶコマーシャル・三船敏郎）
「秘すれば花なり、秘せずば花なるべからず」（世阿弥『風姿花伝』）
「惻隠《そくいん》の情」（孟子）

しかし、この中には「沈黙は金」と同じ意味の言葉は一つもありません。日本では一般的に誤解されているようですが、「沈黙は金」の本当の意味は「黙っていることは良いこと」「多弁を戒めよ」ではないのです。実は、この言葉の前には「雄弁は銀なり」という重要な言葉があります（Speech is silver. Silence is golden.）。

つまり、この諺には「雄弁、能弁ができて初めて、沈黙の持つ恐るべき威力に意味合いが出てくる」というメッセージが込められているのです。弁が立つ人が沈黙を効果的に使うと、より一層議論に強くなれる、というのは古《いにしえ》より伝わる人間の知恵です。口下手、訥弁《とつべん》、寡黙な人が最初から最後まで沈黙では、沈黙の真価を発揮させることはできません。

一方で、そういう「だんまり」を決め込む人は、欧米人にどのような印象を与えるのでしょうか？

試しに、欧米人の同僚たちに聞いてみたところ、次のような回答が返ってきました。

・「興味を失っている、退屈しているのだろう」
・「内容を理解していないのではないだろうか」
・「こいつは何を考えているのかわからない」
・「気味悪いなあ」
・「やる気がないのだろう」
・「何の意見もないつまらない人間だ」

・「相手にする価値のない人間だ」
・「疲れているのだろう」

特に、東洋人の顔を見慣れていない欧米人の目には、だんまりを決め込む日本人の顔はより一層否定的に映りがちなようです。実際、日本人の顔の表情をdour visage（憂鬱な顔）と表現したアメリカ人の友人がいました（但し、同じアジア人でも「タイ人は笑顔が素敵で感じが良い」という欧米人が多く、対照的です）。

ここで大切なことは、原則として「**沈黙は金どころか、『禁』である**」という点です。胆に銘じておくべきでしょう。

さて、日本人が沈黙しがちな理由は次の3点に集約できます。

①「場の空気」に対する強迫観念と黙契《もっけい》社会

「日本人は、ヨーロッパ人にわかる国語を用いて自分の思うことをヨーロッパ人に理解させようとする時には、ヨーロッパ人がともかく全く違った精神的起源を有しているのだという事実を見落としてしまう。日本人はヨーロッパ人の物の考え方にまだまだ通じていない。ヨーロッパ人の問題の出し方にも通じていない。それゆえ日本人は、自分の語ることをヨーロッパ人としては、全て言葉を手がかりに理解するほか道がないのだということに、少しも気がつかない。ところが日本人にとっては、言葉はただ意味に至る道を示すだけで、意味そのものは、いわば行間にひそんでいて、結局はただ経験したことのある人間によって経験されうるだけである。日本人の論述は、その字面だけから考えるならば、思索に慣れたヨーロッパ人の目には、混乱しているというほどではないにしても幼稚に見える」

前出のオイゲン・ヘリゲルは、このように言い残しています。日本と違って、欧米には「言葉で説明できないものはない」という信念をもつ人が多いのです。

一方で、日本は「阿吽《あうん》の呼吸」「腹芸」「以心伝心」「顔色を伺う」「空気を読む」といった言葉に象徴されるように、「相手の考えを察する」ことが当然のこととして期待され、それができないと、「お前は言われたことしかできないのか！」「言われる前に察しろ、考えろ！」と思われる確率が高い社会です。

しかし、欧米人は、基本的に「言われたこと」「書かれていること」しかやりません。否、むしろ「言われたことだけ、書かれていることだけをすることが誠実さの証」と考えている節さえあります。とにかく、「察することが美徳」という親切な社会、文化ではないのです。もちろん、どんな社会にも2割はマスとは異質な人たちが存在しますから、欧米であっても、気配りの達人はいるでしょう。しかし、皆さんの接する欧米人のうち8割以上の人たちは、本質的に（日本でいう）「ＫＹな人たち」だと思っておけばまず間違いないでしょう。

② 完璧主義

私は、欧州と米国の2つの大学院で勉強したことがあります。両方ともケース方式を使った議論中心の授業でしたので、相当高度な議論が展開されるのでは、と最初は緊張して臨みました。しかし、実際に経験してみるとexpectation gap（現実と期待値の差）を前に少し戸惑いました。日本的感覚では「幼稚な」発言を少なからず耳にしたからです。

ところが、慣れてくると、「とにかく声に出しながら考える」彼らの姿勢も、あながち悪くはないな、と思えるようになりました。日本人は、どちらかと言うと「よく考えてから考えを口にする」あるいは「考えた上で沈黙を選択する」のですが、欧米人は伝統的に「声に出しながら考える」のです。もちろん、彼らも考えが整理されていないことはわかっているので、Just thinking out loud, だとか、Just off the top of my head,（思いつきで話しているんだけど）という明らかに言い訳の枕詞を頻繁に使いながら、とにかく自分の考えを相手に伝えようとします。

こうした姿勢も、おそらく「議論のＤＮＡ」に起因する欧米人の特徴と言ってよいでしょう。ちなみに、古代ギリシャの哲学者プラトンは「**ロゴス（コトバ）とは、声を伴って口から出てくる魂の流れ**」と定義しています。「魂の流れ」であるならば、声に出したほうが自然ではないでしょうか。

おそらく、日本人の英語下手、議論下手は、慎重過ぎるメンタリティーが一因でしょう。しかも、日本人は、気合いが「気負い」に変わりやすい民族のようです。しかし、不完全さを楽しむ余裕、言い換えれば「自然体」が異文化コミュニケーションでは大切なのです。不完全であっても、ダンマリを続けるよりは、何か発言したほうが、あなたに対する欧米人の印象は大きく変わってきます。そして何より、あなたの体にも心にも良いはずです。「魂の流れ」なのですから。

③ 人前で意見を述べる訓練の欠如

英語力の問題も、もちろんありますが、日本人はそれ以前に人前で自分の考えを披露する訓練が欠けています。これは教育システムの問題とも言えますが、とにかく欧米人は子供の頃から家でも学校でも自分の意見をはっきり述べるように訓練されます。

一方、日本人は伝統的に「先生の言うことは絶対」「和を乱すな」という管理教育のため、とにかく没個性を強いられます。目立つな、目立つな。皆と同じが良いこと。自分の意見が人と違っている［異見］と、心もとなく感じる人も多いようです。このせいか「変なことを言って白い目で見られるリスクを冒すよりは黙っていよう」という思考パターンに陥りがちです。

こうして、コミュニケーション以前の段階で、すでに「雄弁の訓練を受けてきた欧米人」と「沈黙の訓練を受けてきた日本人」という対立の構図が浮かび上がってくるのです。

もう一つの問題として、上述の没個性教育のせいか、「語るべき自分」が確立されていない人が多いことも挙げられます。欧米人に何か質問したり、意見を求めるとわかると思いますが、たいていどんな問いに対しても答えてきます。もちろん、「ああ言えばこう言う」的な回答もありますが、社会の様々な事柄について「自分はどう思うか」ということを常に意識して思考している現れと言えるかもしれません。日本人の場合、質問しても「そんなことわからない」という回答が多いように見受けられます。「わからない」と答えることに対する抵抗感が、欧米人より少ないのかもしれません。

これに関連して、「前置きの長さ」と「質問下手」も問題です。「質問です」と言いながら、自分の意見を長々と述べる人が多いようです。長々と自説を披露した後に、申し訳程度に「どう思いますか」と最後に付け加えて、強引に質問に見せる手法です。質問する訓練が欠如しているのに加えて、もう一つは「単刀直入」という言葉にも現れているように、いきなり本題に入ることが失礼という潜在意識レベルの遠慮があるのかもしれません。日本は変わってきているとはいえ、依然として単刀直入が憚られる傾向（文化）があるのではないでしょうか。

ネイティブの呪縛

日本では「ネイティブ・スピーカーなら間違えない」という思い込みに囚われている英語学習者が多すぎます。誰でもよく考えてみればわかるのですが、英語に限らず「ネイティブがそう言う」からといって、必ずしも正しいとは限りません。こういう思い込みをmyth（神話）と言います。日本人でも、日本語を間違える人は少なくありません。実際、漢字が書けない程度でしたら笑ってごまかせるかもしれませんが、例えば、「（自分に）ご送付ください」を応用したつもりになって「（相手に）ご送付させていただきます」と書けば、「『送り付ける』とは何事か」と相手を怒らせることもあり得ます。ネイティブが使っているからといって、その人の教育的、社会的背景等を考慮せずに、単に鵜《う》呑《の》みにすると、とんでもないことになりかねません。

英米人も同じです。ネイティブという事実だけに着目しても、人それぞれ育った環境も教育レベルも違う訳であり、表現能力にバラつきがあって当たり前なのです。闇雲にネイティブを崇め奉り、おかしなコンプレックスを膨らませるのは、ドン・キホーテ的といえるのではないでしょうか。

大切なことは、「ネイティブの呪縛」から自らを解き放つことです。日本人でも同じですが、どの国にも、文章が上手な人と下手な人がいます。だとすれば、言葉に対する思い入れの強い人から習ったほうが、文章は格段に上手くなるし、語彙力も豊富になるはずです。

それではどんな人から教わるべきなのでしょうか？　答えはシンプルです。

⇩音声学を含めた、外国人向けの英語教育法（ESL ＝ English as a Second Language）をしっかり学んだネイティブの教師で、且つコトバの好きな人に英語を学ぶことです。

まず、皆さんが外国人に日本語を教えている姿を想像してみてください。あなたは生徒のひどい発音に辟易しながらも「私について発音してください」を繰り返すばかり。どこを、どのように直していいのか、見当もつきません。音声学の基礎なくして発音を教えようとしても、せいぜいその程度ではないでしょうか。生徒の発音を改善するために的確な指示を出すのはやさしいことではありません。同じく、文法上の細かな規則や「てにをは」（助詞）等について、我々が思いもよらない質問を学習者はしてくるものです。ネイティブ話者にとって至極当たり前のことが、非ネイティブ学習者には全く当たり前ではないのです。彼らからの質問に答えるのは、簡単ではありません。ネイティブというだけでは、決して十分ではないのです。

言語学の知識があるだけでは不十分です。以前私は、今でもよく使われるイギリス英語表現を「古語」あるいは「誤り」と一蹴したアメリカ人の偏狭性に辟易させられたことがあります。アメリカ人英語教師といっても玉石混淆《こんこう》の日本では（もちろん、良い先生もいます）、外国人学習者向けの英語教育トレーニングなど一切受けておらず、世界はおろか全米各地のことさえよく知らない偏狭なローカル視野の人が少なくありません。英語の多様性に関する認識も薄く、イギリス的な言い回しを「間違い」「古臭い」と一蹴する人さえいます。もちろん逆もまた真なりです。イギリス人教師の中には、アメリカ的言い回しを見かけると、躊躇《ためら》いもなく「間違い」「くだけていて不適当」という烙印を押してしまう人もいます。同様に、最近日本語が乱れている若者（日本人ネイティブ）から日本語を教わった外国人は気づかぬうちに間違った表現を使っていたり、品の悪い不適当な表現を覚えてしまうリスクもあるでしょう。

問題はそれだけではありません。実は、英語圏、特にイギリスでは、近年、中高で文章法、特にスタイルや論理的に書く方法について教えなくなり、乱れがひどくなっています。日本語の場合、もちろん単語や熟語の間違い、あるいはスタイルに対する好き嫌いを別とすれば、どんな人が書いた文章でも、ネイティブであれば、とりあえず安心して読み進めることができるでしょう。しかし、英語ではそうではないのです。英語の場合、日本語と異なり、論理性が大切なので、会話では目立たなくても、文章になると、書ける人と書けない人の差が如実に現れます。これは、良し悪しは別として、論理に重きを置かずに、感覚的な部分を大事にする日本語との違いなのでしょうが、この違いはほとんど認識されていないのではないでしょうか。さらに、首都圏の英語学校では白人であれば誰でもいい、という学校もあるようです。上述のように英語圏の若い人でも相当ひどいわけですから、非英語圏の若い人となると、むろん例外はいるでしょうが、恐ろしくおかしな英語を教えている可能性は否めません。

なぜこの問題が深刻なのでしょうか？　それは、不見識なネイティブ話者等に「間違い」と言われた外国語学習者は、それを鵜呑みにせざるをえないからです。

結局、外国語学習で大切なことは、基礎ができていて（すなわちＥＳＬ教授法を習得済み）、且つ広い視野と豊富な異文化コミュニケーションの指導経験をもった教師を見つけることに尽きます。そして何より「コトバが好きな教師」を見つけること、それがいちばん大切といえるかもしれません。

その他

日本という国には、古《いにしえ》より「和して同ぜず」という世界基準の美徳が存在したはずです。実はこの美徳は異文化コミュニケーションに強くなるためのキーワードです。しかし、いつの間にか、悪しき平等主義が蔓延《はびこ》ってきて、日本を覆ってしまいました。追い討ちをかけるように、欧米の個人主義が間違って解釈されたため、「同じて和せず」的な人々が増えてしまいました。このため、「差別化」といってもピンとこないかもしれません。中には、他人と「同じ」でなければ、心もとない人もいるかもしれません。「他人と違う自分を演出しろ」、端的に言えば、それが差別化のメッセージです。そして、それが異文化コミュニケーションの基本といえるでしょう。

残念ながら、日本企業で社内英語化を行なうと、上記の要因が直接または間接的に影響してくるはずです（一部はすでに説明済みですが、念のため入れておきます）。その後に、欧米社会のキーワードも列挙しておきますので、これらの違いについて相対化しておくといいかも知れません。

★日本社会のキーワード

・和をもって尊《たっと》しとなす
・言挙《ことあ》げ⇩ますらおぶりに欠ける女々しき行為、野暮の骨頂（沈黙は粋）
・腹芸（常に人の顔色を伺え）
・島国根性、単一民族、ムラ社会、単一言語、農耕民族、車座社会、自己抑制、恥の概念集団主義、言外の言、場の空気を読め、惻隠の情
・もののあはれ（ah-ness）、幽玄さ
・「よくわきまへたる道には、必ず口おもく、問はぬかぎりは言わぬこそいみじけれ」（吉田兼好『徒然草』第79段）
・巧言令色、鮮矣仁《すくなしじん》（『論語』の中でも特に日本人が好きな言葉）
・秘すれば花なり、秘せずば花なるべからず（世阿弥『風姿花伝』）
・よく議論する人を形容する言葉⇩「理屈っぽい」「あからさま」「ずけずけ」「狷介《けんかい》」
・「能ある鷹は爪を隠す」「こちたきさかしら」（理屈っぽい、本居宣長）⇩「自分の主張＝全人

格」。だから、反論はタブー。ひたすら相手に脅威を与えないように角をとる。韜晦《とうかい》（または、韜晦無露圭角）

・言わなくともわかってくれる。わからない奴が悪い

・「答えは最初からひとつ。議論は不要」という社会

・感情論が多い情緒的社会（ハート、こころ）

・論理的な文章よりも、感想文が多い社会（新聞の社説）

・赤信号みんなで渡れば怖くない（ジョーク）

・三分法（白・黒・灰色）。相互扶助精神（弱い者を包み込んで落伍者を出さない、いちばん足の遅い人間に歩調をあわせる）。持たれあい、甘えの社会。失敗できない社会。母性原理の働く社会。大勢順応志向（時の勢いに順応するのが正義）、同調社会、同調圧力

★欧米社会のキーワード

・「はじめにコトバありき、コトバは神とともにあり、コトバは神なりき」（In the beginning was the Word, and the Word was with God, and the Word was God.「聖書」）

・コトバ＝神の言葉＝Word＝Logos ⇩ 概念やものごとの緻密な定義にこだわってきた社会（だから哲学、論理学などがギリシャ時代に生まれ、その伝統を引きずっている）

・自分をいかに賢くみせるか、馬鹿にされないようにするかに常に留意する
・全会一致は無効（ユダヤ社会の伝統）
・「異見との共生」なぜなら「意見は人格ではない。だから反論も可能」という原則
・堅い話ができるのがオトナ
・articulate（はっきりものが言える）は誉めコトバ
・言わなければわかってくれない。言わない奴が悪い
・「答えは議論をしながら見つければよい」という社会
・理性で考え、理性を互いにぶつけ合う（meeting of the minds）
・理詰めで考えろ。省略するな。感情論に流されるよりも、理屈っぽくあれ
・ギリシャ人の競技好き＝大衆の前で弁論＝相手を打ち負かす
・個をもって尊しとなす
・一人で渡れば怖くない。皆で渡ってもつまらない
・狩猟民族。多民族の中の一民族。多言語の中の母国語。大陸。個人主義。契約社会。神との契約。二分法（白黒）。合理主義（弱肉強食、適者生存、優勝劣敗）。失敗できる社会。父性原理の働く社会

さて、以上を頭の片隅において、欧米人の持つ「議論のＤＮＡ」について考えてみましょう。この源（ルーツ）を知るには、まず日本人のルーツには存在しない「２つの大きなうねり（流れ）」を理解しておく必要があります。

ここでＤＮＡというレトリックを使ったのは「言葉の力」や「議論」に対する彼らの姿勢が、古代ギリシャにまで遡るからです。欧米人を観察していると、次の２つの魂が今日にも確実に引き継がれているように思えてなりません。

① 古代ギリシャ（ヘレニズム文化）に遡る「ロゴスの伝統」

② 古代ユダヤ（ヘブライズム文化）に遡る聖書文化と弁証法

もちろん、一般の欧米人が、聖書はともかく、皆アリストテレスの弁論術やプラトンの弁証法に精通している訳ではありません。おそらく、ほとんどの人はそんな本は読んだこともないでしょう。しかし、正式に教わっていなくても、論理的に話したり、ものごとを相対化して把握することに長《た》けている人が多いように見受けられます。これが、著者がそれを「議論のＤＮＡ」と呼んだ所以《ゆえん》です。

論理の伝統

一つは、古代ギリシャ時代から続く「論理の伝統」が挙げられます。約２５００年前の古代ギリシャ時代には、議論に勝つためには手段を選ばないソフィスト（詭弁家）と呼ばれる人たちが跋扈《ばっこ》しました。ソフィストの中には、まっとうな説得推論を行なう者もいましたが、途中から詭弁を駆使する大衆扇動家が増殖していきました。そこで「形式論理」の父祖プラトン（及びソクラテス）は、アテネを混乱に陥れた元凶としてソフィストたちを駆逐したのです。

その後、がちがちの形式論理では人を説得しにくいことに気づいた弟子のアリストテレスは「説得推論」を研究し、「形式論理」との共存を体系化しました。つまり、「両方あってもいいではないか」という共創の視点です。この考え方はローマ人に受け継がれ、キケローなどが発展させました。

しかし、その後中世ヨーロッパにおいては、レトリックの中心テーマは「説得」ではなく、言葉の綾《あや》や文体の美しさを追求する「修辞」のほうに焦点が移っていきました。周知のように、近代になってから、この「修辞」の部分だけがいわば末端肥大化した形で「レトリック」として日本にも輸入されましたが、「言霊《ことだま》の幸《さきわ》ふ国」日本にはあまり馴染みませんでした。

以上が「第一のうねり」の概観ですが、要するに現代の欧米人のコミュニケーション方法には、次の３つが大きく影響を与えていると言えるのです。

①形式論理学（ロジック）
②説得推論（広義のレトリック）
③修辞学（狭義のレトリック）

聖書の伝統

「もう一つの流れ」として、ヘブライズム文化の伝統も見逃せません。ユダヤ教やキリスト教など西洋の主要宗教の源は古代ユダヤに端を発します。

我々日本人には理解しにくい点ですが、欧米人の心の中で宗教が占める割合は大きなものです。新渡戸稲造の『武士道』の冒頭でも、ベルギー人法学者が日本に宗教教育がないことに吃驚《びっくり》した話がでてきます。「宗教なくして、日本人はいったいどうやって子孫に道徳を教えられるのか」と彼に問われたことが契機となり、新渡戸はその本の中で（かつての）日本では武士道が西欧の宗教に代わるものとして十分に機能してきた点を喝破《かっぱ》しました。

最近では、欧米諸国でも、若者の宗教離れが加速しているものの、日本人と比べると、生まれた時から個人と宗教は常に密接な関わりを持ち続けます。学校でも家庭でも宗教は常に身近にあります。このため、社会に出ると、今まで教わってきたこと、例えば隣人愛などの教えと厳しい現実との乖離《かいり》を前に愕然とする人もいるようです。

これに関連して、我々日本人が特に理解しにくい概念のひとつに「個人主義」が挙げられます。日本人の中には誤解している人が多いのですが、個人主義社会とは「集団よりも個人が優先される社会」ではありません。それは、「個人と神の関係」が「個人と個人の関係」あるいは「個人と集団の関係」よりも優先される社会を指します。言い換えれば、「神の前で自分の気持ちに正直になること＝心を見せること」（神との契約）が個人主義の本質と言えるでしょう。このせいか、欧米人は簡単には妥協せず、「個人と個人」「個人と集団（会社など）」の関係のもつれは比較的短期間で表面化します。そして、離職や離婚という結果に終わることも少なくありません。

以上、欧米人の「議論のDNA」ともいうべき2つの流れを俯瞰《ふかん》してみましたが、日本人と違って、欧米人は教育と宗教を通じて「言葉とは人間を動物から区別する高等な能力である」「言葉で表現できないものはない」という認識を幼い頃から絶えず意識して育ちます（そして、大人になってからもそうした感覚を潜在意識レベルで持ち続けます）。このため、「言葉よりも大切なものがある」「言葉で伝えられることには限界がある」という日本的文化の中で育つ日本人とは、本質的にものごとをとらえる「目」が異なる存在といえるかもしれません。

コーヒーブレイク ②

「外国語を学ぶ本質的な意味」

筆者の会社では頻繁に幹部研修が開催される。「変革の時代には、トップから率先して変化し続けなければならない」というスローガンの下、いつもは仕事やスタッフに追いかけられて休む暇もない人たちがホテルに缶詰になる。事務所で行なうと、会議室でやっても、必ず業務に巻き込まれて効果が半減するからである。自らを外界から遮断し、修行僧になって徹底的に学ぶ。これが趣旨である。私はいつもたった一人の東洋人で、周りは全て欧米人。こういう研修に出るたびに、異文化コミュニケーション力が、肌感覚に過ぎないのかもしれないが、確実に研ぎ澄まされてきている気がする。

さて、ちょうど3日間ワルシャワのホテルで缶詰になって研修を受けてきたので、多様性と異文化コミュニケーションの観点から、振り返ってみたい。筆者の勤める会社は、中欧&東欧地域では業界最大で、25か国に従業員8000名弱を擁し、このうちパートナーと呼ばれる株主（非公開企業）兼役員が200名強いる。今回は、その200人の中でも、複数の国をまたがって多国籍チームを率いるリーダーたちが16人集まり、全体セッションと、4人ずつ4チームに分かれる個別セッションの寄木細工を3日間やり続けた。朝8時から夕食を含めると深夜過ぎまでの3日間。どんな理由であっても欠席は許されず、欠席した者は、暗黙の諒解で、ペナルティーが科される。

私のチームは、地域最高幹部の英国人、保険業界部門の地域統括（ポーランド人）、ドイツ企業担当部門の地域統括（ドイツ人）、そして筆者。これに、外部の専門家（英国人）がファシリテーター（まとめ役）として加わった。

Push yourself out of your comfort zone.（心地よい空間から自らを押し出すのだ）という標語の下（そもそも3日間ホテルに缶詰という状態が不快を感じる第一歩なのだが）、「何だこれは？」と猜疑心が生まれるようなタイトルの研修がたくさん組まれている。その中でも、本稿では「robust dialogue」と「still life」という研修に焦点をあてて説明し、最後に、筆者の総括を述べたい。

まず「robust dialogue」というのは、直訳すると「力強い対話」。要するに「話しにくくできれば先送りしたい話題でも、ビジネスでは現実を直視した話をしなければならない局面が必ずあり、それをいかにうまく乗り切るか」ということを考える研修である。このコトバには、率直さ、正直さ、そういった含みがあり、日本語の「本音の話」にも通じるかもしれない。もちろん、必ずしもむき出しの本音ではなく、相手の共感・同意を得ることに主眼が置かれているが、取り扱いを注意しないと容易に感情的なやりとりに発展しうる内容を指す。例えば、業績により、信頼してきた部下の一人を切らなければならないケース、自分と同格の別部門の幹部に明らかに耳障りな内容の話を伝えなければならないケース、などなど。

個別グループに分かれて、我々に与えられた課題は「先送りにしてきたrobust dialogueを、ここで隣の人を相手に練習してみてください」という単純なものだったが、実際やってみると、なかなか難しい。まず、背景説明を数分で行なって、即興ではじめるのだが、問題を実際に抱えている話し手と、その話を初めて聞く相手役を演じる人の間に、当たり前だが、大きな温度差があるので、それをいかに埋めて臨場感を出していくかが大切なポイントとなる。誰もふざけずに、真剣に取り組む。

私はドイツ人の相手役をやった。A国にある会社がクライアントで、B国の会社と共に、そのB国にジョイントベンチャー（JV）を作る仕事を数年前にA国の会社の社長から依頼され手伝ったのだが、数年経過し、蓋を開けてみると、B国株主は同床異夢で、国が違うこともあってJVの運営状況が全くわからなくなってしまったという。B国株主は、A国株主に対して、いろいろな理由をつけて追加資金拠出要求をしてくるのだが、反対にA国株主が要求している情報は一切出してこない。

困り果てたA国株主の社長がこのドイツ人同僚に支援を求めてきたのだが、法務面での複雑なサポートも必要なので旧知のB国弁護士をA国株主に紹介した。しばらくすると、これまで友好関係にあったA国株主からの我々の請求書の支払いが滞りがちになり、ついに全く払われなくなってしまった。しかも、その社長から「今後は弁護士に全てを任せたので彼に連絡してください」といって、当初私の同僚がその社長に紹介したB国弁護士に我々の仕事も一切合切《がっさい》とられてしまい、しかも債権回収に関しても社長代理人として我々のカウンターパートになるという皮肉な結末を迎えてしまった。同僚が選んだテーマは、「この旧知のB国弁護士とどう話をするか?」というもので、私は「B国弁護士役」に選ばれた。準備時間はなしで即興でやる。同僚は真剣なまなざしで私に話しかけてくる。

同僚　我々は実に長い付き合いがあって、だからこそ本件を君に紹介したのだが、どうも状況が錯綜《さくそう》しており、よくわからない。君はいったいどういう役割を本件で担っているのか?

私　確かに紹介してくれたことは事実だし、感謝している。だが、状況が進展し、このJVのA国株主の社長から直接、状況を精査するよう依頼された。また、御社からの請求書の件についても任されている。このような状況のもと、クライアントから正式な依頼を受けた以上、我々としては忠実にプロフェッショナルとしての業務を行なうしか術《すべ》がない点をご理解いただきたい。

などと延々と続いていく。途中から、周りで聞いているグループメンバーが「スティーブ（私）

の言い方は弁護士そっくりでいいね」「いくら友情を信じていても、これは独力で解決すべき問題ではない。弁護士に相談したほうがいい」「クライアントの社長とは直接話したのか?」「M&BのF型の傾向が強くですぎている。F分類の点は何点だった? スティーブは逆にT型でしょ?」などと質問が続く。(注) M&B(MBTI)は欧米企業でよく用いられる、ユング心理学をベースにした性格分類。

すると、「それは、(これこれこういう理由で) 必要ない」と同僚が延々と反論すると、「必要ないと決める前に、全てのオプションを検討すべきだ」と別の人が割って入る。

ちなみに、私の番では、人事関連の話をしたのだが、相手役のイギリス人の演技が迫真に迫っており、実際想定した相手と面識など一切ないのに、あまりにも似ていて笑ってしまった。こういう演習は、始める前に場面設定をいかに明確にするかにかかっている。

いずれにせよ、こういう訓練をしていると、「はじめにコトバありき。コトバは神と共にありき。コトバは神なり」という聖書のコトバが現代に蘇ってくる。古《いにしえ》より言葉という存在をとても大切にしてきた西洋人の感覚が、肌でわかるようになる。私にとってこういうロールプレイは、内容云々よりも、西洋的ロゴスの肌感覚をつける練習として位置づけている。

さて、もう一つの演習「still life」というのは「静物」のことで、17世紀のオランダでは、社会で成功した者たちが、自分たちの人生を象徴する静物を選んで画家に絵を描かせた。おそらく、美術館で果物、花瓶、髑髏《どくろ》などの絵を見かけたことがある読者も少なくないのではないだろうか。この静物画のことをヨーロッパでは*vanitas*（空虚、虚構、儚《はかな》さ）というラテン語を使って表現するのだが、日本でも知られるメメント・モリ（memento mori 人はいつか必ず死ぬ、自分も例外ではない、それを忘れるな）やカルペ・ディエム（carpe diem 今を生きよ。今、この瞬間に生きている事実を楽しむのだ）と並び、16～17世紀のバロック時代の芸術（美術、文学、建築、音楽）の基本コンセプトである（但し、この3つの概念は聖書にも出てくるので、バロック時代よりもはるか昔から人々に知られてきた考えである。ある意味でヨーロッパ人の背骨ともいえよう。ここでは芸術にそれが応用された時期を指している）。

これを現代に蘇らせたのがチャールズ・ハンディーという経営学の重鎮の英国人で、Personal Still Lifeという研修プログラムを作りだした。自分の人生にとって重要なこと（人、価値感、信念、思い出、夢、情熱等）を象徴する静物を6つ選んで（そのうち一つは自然のもの。但し、携帯やコンピューターなどは不可、また写真も不可）、一つひとつ白い布を敷いたテーブルの上に配列していく。特に重要なのは、「真ん中に何を置くか」という点で、ファシリテーターが「それでいいですか?」とさかんに聞きながら、何度も置き方を変える。配列が終わると、皆の前で、一つひとつの意味とその裏にあるエピソードを開陳する。実際に思い出深い静物や自然のものからは、それを選んだ者のみならず見ている者にさえエネルギーが感じられる。最後に、それを写真撮影する。そこには、その人の人生の縮図が再現される、という。

むろん、多くの参加者は「人生はそんな単純なものではない」と懐疑的な態度で研修に望むのだが、終わってみると、皆、表情が違う。そして、「この人は普段あんな顔をしているのに、こんなにも人生でいろいろなことがあったのか」「彼にこんな面もあったのだな」ということに気づかされる。ファシリテーターによると、我々4名のグループはかなりの成功例で、やはり最後まで仮面を外さない（外せない）参加者もいるという。少なくとも私にとっては、前からどうも苦手だった人が終わったあと、全体グループの会議で真っ先にフィードバックし、「スティーブとは随分前から接点があった。だけど、よく話したことはなかったし、無意識のうちに「珍獣日本人」というラベルを貼って彼を色眼鏡で見ていたことに気づいた。いろいろ話を聞いて驚いた。彼のポーカーフェイスの裏には実にたくさんのものが詰まっている。実に知的で、信頼できる人間だ。この研修は大正解だった」と言われて吃驚《びっくり》した。帰りも向こうから寄ってきて力強い握手を求めてきた。

ポイントは、ここまで心を裸にして、相手を知ろうと、本当の意味で信頼しようと、欧米人たちが努力しているという点にある。ある意味滑稽にうつるかもしれないが、人間というのは、誰であっても「何となくウマがあう人間」とばかり群れる生き物なのだろう。だからこそ、組織が大きくなるにつれ、その壁を打ち破る仕掛けが必要なのかもしれない。

もう一つ感じたのは、20世紀までの日本企業の強さの源泉の一つは、今ではどちらかというと悪しき日本の習慣として挙げられることが多い、「飲ミュニケーション」や「社員寮」の存在だったのではないかという点である。やはり、酒を飲んで自分をさらけ出して、信頼感を醸成するのは、あながち悪いことではなかったのではなかろうか。むしろ、携帯電話世代の今の新入社員たちが、酒は飲まない、社員寮には興味なし、社員旅行もパス、ワークライフバランスの阻害要因は全て排除、個人主義がベスト、と感じているとすれば、もしかしたら、それが日本企業にとっての最大のアキレス腱なのかもしれない。

さて、**私はなぜここで長々と研修の詳細を書いたのか？**

それは、コミュニケーションというのは、文化的に我々などよりもずっと近い西洋人同士であっても、実に難しいという現実を読者に現実感・臨場感をもって感じて欲しかったからである。考えてみると当たり前なのだが、そもそも同じ国の人間同士であってもコミュニケーションというのは難しい。それを乗り越えるために、欧米人同士でさえ「ここまで愚直に試行錯誤しながら真剣に取り組んでいる」という例を示したかったのである。そして、ヨーロッパ人同士であっても、ここまでやらないと相互理解というのはなかなか到達できない境地なのだから、日本人が欧米人のみならずアジア人を含めた外国人とのコミュニケーションで躓《つまず》くのは当たり前ではなかろうか。まずは肩の力を抜いて欲しい、そんな思いからこの話を書いてみた。

そして、「英語を話す」こと自体はゴールではなく、それができても実は出発点にさえ立っていない可能性さえある、という事実を、読者に冷静に受け止めて欲しい。「国際人」は英語を話せる人ではない。「グローバル化」は、社員が全員英語を自由に操れるようになることではない。それは、絶対的存在として横たわる文化や個人の違いを冷静に見つめて、寛容の気持ちをもって相手と接し、起こりうる摩擦を最小化して、できうる限り最大公約数を見いだして共感を醸成し、個人であれ、企業人であれ、目的を遂行できる力をもった人、そういう人たちを一人でも多く生み出す「うねり」のこと、本質的には、それを「グローバル化」と呼ぶべきではないだろうか。

そして、その過程で、個人は「**自己相対化**」ができるようになる。自分自身を、自分の会社を、自分の国・日本という国を、百メートル、千メートル上空、いや宇宙空間から俯瞰し、違いを止揚できるようになる。これが大切であり、おそらく外国語学習の目的はそこにある。少なくとも、私が英語教師であれば、最初にそれを徹底的に教えて、モチベーションを高めることだろう。

衒学《げんがく》趣味は全くないのだが、長年英語を使って仕事をしてきて、心の底から親近感を感じるのは、鈴木大拙であり、西田幾多郎である。これは、正直なところ、自分でも驚きを禁じえないのだが、正直な気持ちである。外国語を学んでいくと、絶対矛盾的自己同一の私的解釈ができるようになる。そして、必ず自国文化に戻ってくる。

もう一つ大切な点は、私の会社のような英米系多国籍企業がここまで幹部教育に投資する理由である。それは、目まぐるしく世の中が、世界が、そして経営環境が変わる変革の時代には、常にカメレオンのように環境の変化にあわせて変わり続けられる力が不可欠であり、そうした柔軟性や環境適応能力を身につけるには、同調圧力を押しのけて、あえて多様性（diversity）を組織内でつくりだし、その中で異見を静かにぶつけ合い、新しいものを創りだすことが欠かせない。英語ではcreative abrasion（創造的摩擦）という。私は、「統制された混沌状態」（controlled chaos）というコトバが好きだが、組織内であえてそうした混沌を作ることにより、創造性はより力強く発揮され、新しい方向性が見えてくるのではないだろうか。水は澱《よど》んでしまうと腐っていく。常に、トップが統制しながら、かき混ぜていくことが欠かせない。私見では、ユニクロの柳井氏、ソフトバンクの孫氏など、元気が良い会社のトップは皆これを（おそらく意識的に）やっている。

多様性というと、女性の登用という点ばかりがフォーカスされる。むろん女性の重要性は論を俟《ま》たないが（実際、私の会社では総合職の半分が女性である）、それ以外にも、新卒フォーカスvs転職者の登用、長期海外経験者の登用、年齢に関係ない登用、外国人の登用（特に、日本人は偏見を持つ人が少なくないアジア人の登用も重要）など、多様性には実に深い意味があり、大抵、人々の偏見や差別意識と重なる面があるため、トップの不退転の決意がない限り、なかなかうまくいかない。だが、「人望」の厚い温厚なトップのもと同質的な組織がうまくいくのは、海洋用語でいう「べたなぎ」の状態であり、荒波の渦巻く大海原では船を転覆させる要因にもなる。

残念ながら、外から日本を見ていると、金太郎飴化した組織の矛盾や集団の同調圧力のもつ負のエネルギーがよく見える。しかし、そうした構造的阻害要因を乗り越えて「出る杭」を戦力化できる組織文化を作りださない限り、今世紀中盤までには、かなりの日本企業が転覆していくのではないだろうか。むろん筆者はそれを望まないからこそ、あえてここで述べているのだが、そうならないためにも、異文化コミュニケーションや多様性というテーマと真剣に取り組んで、多様な人材を「空気」という名の同調圧力で窒息させず、むしろ彼らに異見を言わせる空気を醸成し、他社が考えないことを考えられる組織作りに挑戦していくべきではなかろうか。

第2章

「異文化コミュニケーション」の達人との対話〈現実〉

本章では、各界のリーダーとの対話を通して以下の点を探っていきたいと思います。

・英語社内公用語化をどう考えるべきか。
・「グローバル化」とは何か。日本人にとっての「異文化コミュニケーション」とはどうあるべきか。
・日本人の強みとは何か。日本社会の歪《ひず》みについてどう対処していくべきか。
・国際化のうねりの中で日本人はいかに生きていくべきか。

最初に一つだけ明確にしておきたい点があります。「国際人」は、英語を話せる人ではありません。それは、文化や個人の違いを冷静に見つめ、寛容の気持ちをもって相手と接する力をもった人のことです。起こりうる摩擦を最小化しながら、できうる限り最大公約数を見いだして共感を醸成し、個人であれ、企業人であれ、目的を遂行できる力をもった人、そういう人たちを一人でも多く生み出していくうねりこそ「グローバル化」の本質です。社員が全員英語を自由に操れるようになることは、表層的な現象の一つに過ぎません。

本章を通して、「対話」とは何かについても体感しながら考えていただければ幸いです。

異文化コミュニケーションの達人との対話…①

当事者の視点

達人　柳井《やない》 正《ただし》
（ファーストリテイリング代表取締役会長兼社長）

「現状維持が最大のリスク」

森山　今回は海外へのご出張の直前に貴重なお時間をいただき、心よりお礼申し上げます。

柳井　いえいえ、いつものことですから。企業のグローバル化って難しく考える必要はなくて、一言でいうと「ビジネスチャンスがたくさん転がっているよ」ってことに集約されると思うんです。日本は環太平洋地域、つまりアメリカとアジアのちょうど真ん中にあって、ロケーション的にも非常にいいんです。だから、日本という国に視点を固定せずに「日本を取り巻く地域」という観点から物事を俯瞰してみると、現象の裏に潜む様々なビジネスチャンスに気づくことができます。僕自身、自ら海外に行ってそういうチャンスをものにしたいと思っています。それが、いつもワクワクしている理由です。

森山　柳井さんとお話しすると、いつも力強い「気」をいただけるのですが、今日はいつもより強いエネルギーが感じられます。これは、やはり英語社内公用語化を決意されたことにも関係がありそうですね。

柳井　森山さんがいつも言っている「同調圧力」とか「失語社会」って、確かにその通りで、この国では誰も何も言わないいんです。言う訓練も受けていないし、「言うことにはデメリットが多い」という一種の不文律、文化があって、そう簡単には変わりません。皆と一緒のほうが心地良いし、失敗のリスクが小さいんでしょう。だけど、このままダンマリのまま金太郎飴でいると、どんどん国力は落ちていくし、積極的に発信する外国の人たちから相手にされません。ジャパン・パッシングなんていいますが、どんどん無視されていくでしょう。だから、今回の英語化の究極の目的って、僕は自分の会社の人間だけに限定したものではなくて、日本が国際社会の中で生き残っていくためにも「自分の思いを発信し、違う国の人たちの共感を得ることができる日本人を一人でも多くつくること」だと思っているんです。

森山　自分の会社だけのことではなくて、もっと大きな視野からおっしゃっているんですね。特に私の場合、若くて荒削りのときから、柳井さんからいろいろ励ましていただいてきたので、柳井さんが本気でそうおっしゃっているのが肌の感覚でわかります。私は柳井さんから古き良き日本に流れる「粋な大人」「大人の流儀」みたいなものを教えていただいてきた気がしていて、今回の企画も、私の次の世代の人たちの船出を後押ししてあげたい、という思いが根底に流れているんです。自分だけとか、自分の会社だけ、なんてちっぽけな考えですよね。

柳井　正にその通りで、今回のうちの英語化にしても、ともすると勘違いされてしまうんです。「国を売るのか」とか「日本語という魂の世界にメスをいれるのか」とか。そうじゃなくて、英語なんて、所詮ツールですよね。欧米人の所有物じゃないんです。あらゆる国の人たちと、グローバル化といううねりの中で、意思疎通をはかるための共有ツールであって、それ以上でも、それ以下でもない。それはうちの会社の社員だけじゃなくて、どの会社の日本人にも必要不可欠なツールとなるはずです。実際、我々も２０１４年か２０１５年には、海外売上比率が5割を超えるでしょう。国内売上よりも海外売上のほうが大きくなるんです。そうなると、日本語という殻の中にとどまっていては、会社はもはや成長しないし、多国籍の社員との価値観の共有もできないんです。いち早く変わらなければ、後退あるのみです。

森山　The greatest risk is standing still.（現状維持が最大のリスク）というわけですね。確か柳井さんが海外進出を始めた頃は、特に中国やアジアで、日本語のできる外国人を積極的に採用してましたよね。

柳井　そうです。ただ、この十年でますます日本の国力が下がり、ジャパン・パッシング（日本外《はず》し）されているなか、日本語を学ぶ外国人の数も減る一方です。そんな中で、日本語にこだわり続けていても、良い人材は採れないんです。だから、２０１２年３月までの猶予期間を与えた上で、まずはうちの社員に変わってもらいたいんです。

森山　なるほど、21世紀の日本人のロールモデルとして社員の方々の変革を期待されているんですね。

柳井　そうです。それから、もう一つ誤解されているのは、日本（語）を売るわけではなくて、英語というツールを使って我々の思考法をグローバルで共有化していくのが狙いです。日本人、日本企業としての「根っこ」が変わるわけじゃないんです。我々の文化、つまり日本という国で生まれた会社の固有の文化というのは、ツールが変わっても変わるはずがないんです。根っこですから。私はこれをＤＮＡと呼んでいますが。

森山　共感します。私もよく言っているんですが、加速度的に深化していく国際化の時代だからこそ、根っこのない者は最も軽んじられる、と。

柳井　そうです、根っこのない人を誰が尊敬してくれるでしょうか。

森山　ただ、「言語＝文化」という方程式を間違って解釈すると、「英語化＝日本企業文化を捨てる」とも曲解されてしまいそうですね。

柳井　ええ、確かに誤解されやすいのですが、うちの会社では、日本人だけでなく、中国人社員も、フランス人社員も、ロシア人社員も、英語というツールの運用能力を磨きながら、我々固有の価値感、つまり「根っこ」をより深いレベルで共有化できるようにしていくんです。「グローバル・ワン全員経営」って呼んでいるんですが、日本人だけじゃなくて、世界共通で何かをしようとすると、どこの国でも必ず「うちの国の事情を勘案してくれ」って言ってくるんです。

森山　よくわかります。日本人異質論は、日本人の専売特許ではないわけで、例えば「ロシア人は難しい」とか「ロシアだから大変」というのは現象論にすぎず、「現象」の下に潜む本当の「問題」をつかんでいないということが多いんです。もう一つは、一般化に潜む危険性のことですね。「○○人だから」と先入観をもってしまうと、認識が固まってしまって、誤った判断を下してしまう確率が高まります。

柳井　ええ、そうなんです。だからこそ、そういう違いに一つひとつ調整を加えずに、「ユニクロの強み」を皆で伸ばしていこう、という発想に立つのです。一言でいえば、モスクワで入ったアルバイトの人であろうが、青森県で入った新入社員であろうが、東京で入った転職者であろうが、「全員が経営者の立場で考えていこう」という文化です。そして、その前提として制度も共通化していきます。人事にせよ、ＩＴにせよ、「ファーストリテイリング・ウェイ」といううちの行動規範にせよ、各国固有の事情にかかわらず、世界共通のプラットフォームを共有化していくのです。そして、この文化に合う人たちに残ってもらえればいい、いや、そういう人たちにこそ残ってもらいたいのです。これは、retention（優秀な人材の確保）の観点からも良いことだと思っています。欧米の会社って、「アップ・オア・アウト」で昇進できなければ、会社を移りますよね。企業サイドもそれを見越して経営しています。だけど、うちは皆に平等な昇進可能性を与えて、必ずしも入社した国ではないかもしれないけれど、できることなら、どこかの国で昇進できるようにサポートしていきたいと思っています。

森山　確かに、欧米でも創業百年を超える会社など伝統的な優良企業には、社歴の長い人が少なくないですよね。

柳井　そうです。「結果としての終身雇用」、これがベストなんです。そして、僕の「英語化」の狙いもそこにあるんです。それからもう一つ重要な点ですが、自分たちのＤＮＡ（基本的な考え方）がはっきりしていない会社を信用する会社なんてありますか？　そんな会社はないんです。僕は、世界中の優良企業とパートナーシップを結んでいきたいんです。日本でも東レさんととても良い関係が結べましたし、アメリカに進出するときも良縁に恵まれました。そうやって、どんどん「つながり」を増やしていく。そのためには、社員一人ひとりが自分の根っこを明確に表現できるようにならんといかんのです。

森山　まさにconnected thinkingですね。私は「グローバル・ネットワーク社会」と呼んでいるのですが、そういううねりの中で、人と人、企業と企業、国と国を結ぶ力がより重要な資質となっていくのでしょう。英語化は、その意味で、第一歩と言えます。もっとも、日本のように主義主張を口にすることが憚られる社会で育った人たちは、かなり気合を入れないと、なかなか変われないのでしょうが。

柳井 各論レベルでいろいろな反論はあるでしょう。しかし、トップの不退転の決意が大切です。別の視点からいうと、英語を使って世界とつながることで、日本は第3の開国ができるのです。今、日本は経済敗戦という現実を直視しなければならない時期を迎えています。森山さんも20年前に欧州で働き始めてずっと頑張ってきたけど、もっと若い人たちがどんどん世界に羽ばたいて現地に根付いて成功する、これが僕の願いなんです。自分たちのために言っているわけじゃなくて、それが必ず国力アップにつながっていくからです。

森山 国益に適《かな》っているわけですね。柳井さんのおっしゃるとおり、明治維新、戦後復興と2回開国してますね。いよいよ、その次が必要な時期を迎えているなかで、このことに気づいている人はどのくらいいるのでしょうか。逆にいうと、いわゆる「茹《ゆ》でガエル」(カエルを冷たい水から徐々に熱すると、水温の上昇に気付かずそのまま茹であがってしまう、という寓話)的な楽観主義に浸っている人は多いのでしょうか。私は全て「危機意識」というコトバで説明できると思うのですが、この国を外から見ていると、やはりズバ抜けて豊かな国だと思います。欧州の多くの国では、フランスのような先進国であっても、若者の仕事がなくて、やり場のない若者の怒りがしばしば爆発して暴動などに発展します。ところが、日本はアルバイトの仕事がいくらでもあって、(世界平均という基準で考えると)そこそこの生活ができてしまう。そういう環境の中で、自己相対化して危機意識やハングリー精神を醸成するのは、貧しいアジアの国の人たちと比較すると、本質的に難しいのではないでしょうか。

柳井　本当はお金がないのに、金持ちだと錯覚しているだけなんです。その事実に気づいていない。もっとも、最近ではお湯の温度は下がってきていると思うので、茹でガエルにならずに済むかもしれません。

森山　お金の話がでてきましたが、よく日本を論じる時、最近20年だけに注目して「日本人はバブルで変わった、おかしくなった」的な物言いをする人が多いのですが、本当にそうでしょうか。日本は近代で3回変わっています。維新が最初で、次に高度成長期が2度目、そして3度目がバブルの時です。会社に対する我武者羅《がむしゃら》な滅私奉公だとかカネに対する価値観（清貧の発想）は、これ以前と比較すると、この3度の出来事の時に、それぞれ著しい変化（パラダイム・シフト）を遂げたと言えるのではないでしょうか。バブルの時だけに大きく変わったわけではない。ですが、最後の変化が非常に悪い方向に変わって、そのまま定着してしまっています。実際、本を書いていて、版元の人たちから見せられる大手書店のベストセラーリストを見ていると、露骨なほど「カネ、カネ、カネ」のオンパレードです。金儲けを否定するつもりはありませんが、どうしてここまで変わってしまったのでしょうか。

柳井　日本に蔓延《はびこ》っている悲観論の裏返しではないでしょうか。大人たちが将来に希望を持てなければ、若者が頑張れるはずがありません。大人に気概がないから、若者は一攫千金を夢見るだけで、愚直に努力を重ねることの大切さに気づけないのでしょう。

森山　「気概」というお話で思い出したのですが、この前、石垣島のクラブメッドで休暇を取ったのですが、どの部門も部門長が皆インドネシア人でした。皆、インドネシア語以外に英語と（パリ本部との意思疎通のための）フランス語ができて、日本語ができる人さえいる。非常に気合が入っているのがこっちにも伝わってきました。異文化コミュニケーション能力もリーダーシップ能力も高い人たちが多くて吃驚《びっくり》しました。さすがに、フランス人は植民地経験で鍛えてあるせいか、海外拠点の統治能力に長《た》けているなと思いました。ただ、ちょっと複雑な気持ちになったのは、日本国内なのに、日本人は皆、末端社員として使われているように見えた点です。事実かどうかはわからないのですが。

柳井　危機意識をもって早急に変わらないと、東京は「クラブメッド化」するでしょう。外国人が中間管理職以上のポストを占めて、日本人は使われる末端社員になる。実は、この前、台湾に行ってきたんですが、彼らは中国語も英語もできてハングリー精神もある。非常にいいんです。シンガポールも、あそこは国家が企業みたいに運営されていますが、ものすごい経済成長率です。そういう国で鍛えられた人たちが、日本に来て、日本人と競争する社会が間近にせまっているのです。

森山　競争に負けると、「使われる人」になると。

柳井　そうです。英国なんかもサッチャー首相の前はそんな感じでしたよね。社会民主主義というか退廃的な社会で、英国人は安い賃金で使われていた。だけど、サッチャーさんが不退転の決意で資本主義を導入して、英国は根本から変わったんです。

森山　日本も柳井さんのおっしゃる「社会民主主義」的な匂いがプンプンしますが、サッチャー氏のような人は現れるのでしょうか。

柳井　政治家の人たちは、むろん各論レベルでは良い人もいるのでしょうが、総論でいうと変革の余地は極めて大きいと言わざるを得ないでしょう。政治家に限らず、日本の人たちは、不思議な矛盾を抱えています。劣等感と優越感のごちゃ混ぜです。卑屈になるか、傲慢になるか、そのどちらかです。最近の中国等との関係もそれに起因しているのではないでしょうか。

森山　もともと「沈黙のＤＮＡ」を持つ人たちがコトバや文化が違う人たちと付き合わなければならないとすると、いろいろストレスもたまりますし、「あいつらのせいだ」と他罰的になりやすい点には同情の余地がありますが、リーダーであるなら、健全なる猜疑心をもって、現象の裏にひっそりと息を潜めてこちらを見ている「問題」（真因）を見つけて対処して欲しいですね。この点に関して、私がよく言っているのが「比べながら、比べない」ということです。多くの人は異質なものを前にすると、「比べる」ことはします。ところが、比べるときに自然体を崩す人が多いんです。いわゆる「出羽の守《かみ》」という人、いますよね。「中国では」「アメリカでは」「日本では」と、なんでも極端な一般化をして、短絡的に結論づける人です。これは避ける必要があります。

柳井　たしかに、中国に行く日本人を見ていても、２つを比較した後、「こんなものもないのか、この国には。やっぱり、日本が最高だ」となるか「やっぱり外国は違うなあ。日本はダメだよな」という二極化する傾向がありますよね。ただ、実際問題として、「比べない」ためには、どうすべきなんでしょうか？

森山　こんな風に考えるとイメージできるかもしれません。私は、日本で寿司を食べている時は、フランス料理のことは考えません。パリで上質の鴨を食べている時は、寿司のことは考えません。どちらも好きなんです。そして、両方の違いについても詳しく理解しているつもりです。しかし、実際にどちらかを食べている時は、もう片方と比べることはしません。ある意味で、異文化も同じでしょう。

柳井　要するに、善悪や優劣の価値観を持ち込まないということですね。さっき僕が言った「日本人の抱える不思議な矛盾。優越感と劣等感のごちゃ混ぜ」というのは、多分それができていないのでしょう。

森山　ええ、その罠にはまると、海外でビジネスをする人間としては難しいでしょう。まずはマインドセットです。他罰的でも、自罰的でもなく、非罰的であれ、ということに集約されるのではないでしょうか。柳井さんに本の帯用の推薦文を書いてもらった拙著の一つに、こんな言葉が引用してあります。

「世間において常識とみなされていることに対して、疑問を呈する勇気を忘れてはならない。健全な猜疑心こそ、ものごとの裏に潜む本質を見極める近道である」

今日のお話は、正にその点を鋭く突かれた興味深いお話でした。結局、聞きかじりに基づく先入観に踊らされることなく、自分の目で世界を見て、自分の頭で判断してみる、そういう気概が大切だということですね。今日はお忙しいなか、ありがとうございました。

コーヒーブレイク③

「一神教 vs 多神教」

　私は、特にアメリカ人が好んで使う「正義」(justice) や「公正さ」(fairness) というコトバを聞くと、眉に唾をつけて構えてしまう。断っておくが、決して私は (各論レベルでは) アメリカ嫌いではないし、アメリカでも学んだことがあり友人もいる。しかし、アメリカという大きな国を「総論レベル」で考えてみると、あまりにも理解しがたい矛盾が多く、違和感を禁じえない。ここで論じたいのは、一言で言うと、健全なる猜疑心 (healthy scepticism) をもつ重要性である。

　一般的に、アメリカ人は「正義」とか「公正」といったコトバが好きだが、そもそも彼らのいう「正義」や「公正」の定義は、我々の考えている「正義」や「公正」と同じものなのだろうか。ここでは詳細に入らずに考え方の背景にある大きな原理原則を説明するにとどめるが、私の答えはNOである。厳然たる違いがあるとすれば、それをまずは理解することが、相手とのコミュニケーションをきちんと行なう上での大前提ではなかろうか。

　まず、「日本人が知っていると思い込んでいるアメリカ人像」と「実際のアメリカ人像」の間には著しく大きな隔たりがある。この点に気づいている日本人はどれだけいるのだろうか。親米派と称される日本人たちがつきあうアメリカ人は大抵、東西海岸の大都市出身者か、少なくとも大都市で教育を受けた比較的リベラルなアメリカ人が大多数であろう。だが、本当のところアメリカという国を動かすのはいわゆるfly-over states（NYとLAの間を飛行機が通り過ぎていく州の意）と揶揄《やゆ》される内陸部に住む保守的な人たちであり、こういう地域に住むキリスト教原理主義者たちの排他性、非妥協性は我々の想像を絶するものである。ブッシュ前大統領就任以来、こういう人々の存在が日本でもおぼろげながら知られるようになったが、ダーウィン進化論の否定（天地創造説だけを信じる人たち）に始まり、妊娠中絶反対等、聖書絶対主義を信じて疑わない人が少なくない。むろん、極端に原理主義的な人たちはアメリカでも少数派だが、日本人の常識と照らし合わせてみると、マスレベルで著しく異なる価値観が存在することに気づかされる。ちなみに、ある全国レベルの調査では、過半数の人が「天地創造説とダーウィン進化論は並列しうる」という回答だったそうな。

私はそういう州をいくつか訪れたことがあるが、街の真ん中には大抵教会があり、ローカル新聞を読むと、我々日本人が考える「国際的な国アメリカ」とは似ても似つかない、極めて内向きのアメリカ像が浮かび上がってくる。街の人たちも外国のことはよく知らないし、関心もない。関心がないから、新聞もあまり海外のニュースは扱わない。外国どころかNYやLAにさえ行ったことがない人も少なくない。自分で書いていても不思議な気分になるのだが、本当のところ、島国根性を持つのは（大多数の保守的）アメリカ人といっても過言ではない。

さて、我々日本人のもつ違う価値観とは何か？　それは、端的に言えば、「物事は黒白では割り切れない」というものの見方に集約されよう。真実は大抵、その中間の灰色の部分にある、三は万物に通ずる、そういう価値観である。八百万《やおよろず》の神の下、物事はもともと割り切れないとわかっているから、絶対的に一つのことに執着することはない。ところが、その上にもう一つのカミがいるのが日本である。「世間様教」「共同体」とも呼ばれる価値感が存在する。これは一神教の世界とも部分的に重なり合う日本人の価値感であり、ホンモノの神様たちを圧倒的存在感をもって超越している。

これらの2つの価値感をもつ日本人は、本質的な部分は一切変えずに、それ以外の部分については弾力的に異文化から良い部分を吸収することができた。実は、これこそが今の日本の繁栄につながっているのではなかろうか。

「学ぶ」という言葉の語源は「真似ぶ」である。真似ること、模倣すること。歴史的に日本は、異文化の中に自国文化より優れたものを見つけ出すことを得意としてきた。見つけ出すと、それを徹底的に分析して、分解し、新しいものを創り出す。仏教文化にせよ、漢字にせよ、医学にせよ、外を手本として内外の知識や経験を融合させ、日本独自のものを生み出していった。平安時代は和魂漢才、明治維新の時は和魂洋才と、師は時代によって変わっていったが、それは「模倣」(emulation)という言葉だけでは説明しきれない日本独自の学び方に他ならなかった。最初は異文化の教えを「守り」、次に「破り」、最後は日本固有のものを創り出し「離れて」いく。このような芸道にも似た取り組み方（「型」を「形」に昇華させる力）こそ、日本流と言えるのではないだろうか。

こうした取り組み方は、「無から有を生み出す革新的創造（イノベーション）をよし」とする欧米の観点から見ると、否定的に捉えられがちである。しかも、彼らに「コピーキャット」（まねっ子）などと一方的に批判されると、それを否定するどころか、「そうかもしれない」と同調してしまう。自嘲癖、自虐性向に支配されがちなのか、日本人はすぐに自己否定を始め、自信を失っていく。しかし、こうした「真似び」方も、一つの文化の形と考えれば、あながち否定できまい。

一方、欧米人、特にヨーロッパ人にとっては、異文化を取り入れることは、学ぶというよりも文化的に相手国に屈服することを意味した。自国のアイデンティティーの危機、つまり沽券《こけん》にかかわる問題だったのである。なぜか？

この理由の一つとして、日本と違い、ヨーロッパの歴史が侵略の歴史だった点が挙げられよう。国境線は常に動かされ、その度に異文化を征服者たちに押しつけられてきたという歴史的背景を無視して、この問題を考えることはできない。物理的、精神的に蹂躪《じゅうりん》された長い年月を経て、我々の想像を絶するほど強固な自己防衛本能がヨーロッパ人の遺伝子の中に組み込まれていったのではなかろうか。

このように考えてみると、我々の「真似ぶ」姿勢は、あながち否定すべきものではない点に気づく。それどころか、この余裕こそ、もしかすると日本人が諸外国に対して持っている圧倒的優位性といえるかもしれない。異文化を前に、ギスギスした気持ちにならない。むしろ素直で、自然な気持ちで接することができる。こうした自然体こそ伝統的な日本の持ち味であり、強みなのである。我々は、これをmake the unfamiliar familiarとポジティブに表現して、堂々と日本人の優位性を国際社会で主張すべきだったのではなかろうか。

ところで、日本では「欧米」という括《くく》りがよく用いられるが（実際、本書でも用いたので説明しておくが）、アメリカとイギリスは同じなのか？　アメリカとヨーロッパは同じなのか？「欧米」という切り口は、そもそも正しいのか？　この答えは、そもそも歴史的に、清教徒たちが何を求めてイギリスを捨て未開のアメリカ大陸に新天地を求めたのかを考えるとわかりやすい。そもそもメイフラワー号に乗った清教徒たち（ピューリタン、ピルグリム・ファーザーズの一団）とは、平たくいえば「キリスト教（聖書）のより厳格な解釈を求める人たち」である。純粋（pure）という言葉は日本語では美しい響きをもつが、そこには梃子《てこ》でも動かないような、非妥協性、排他性が見え隠れする。事実、世界で最も宗教色の強い国、信仰心の厚い国民のいる国はアメリカである。要するに、「キリスト教国」「一神教価値感」といっても欧米間の温度差は著しく大きく、アメリカとヨーロッパは、その点にだけ着目すれば、原理主義的なサウジアラビアと世俗的なトルコほどの違いがある、と言ってもあながち間違いではなかろう。

どちらが良い悪いというレベルの話ではない。善悪の価値感など持ち込んでも仕方がない。だが、現実問題として、異文化コミュニケーションの相手には、我々とは恐ろしいほど異なる価値観をもつ人たちがいる。そういう事実を冷静に受け止めて、彼らとどのように対話していくべきなのか？

これが私の永遠のテーマであり、いまだに絶対的な答えは得られていない。ただ一つわかったことは、彼らとの対話において「正義 vs 悪徳」という二者択一の寝技に持ち込まれないよう、彼らの思考パターンをよく理解しておく必要がある点である。

「東は東、西は西、両者永遠に相逢うことなし」というキプリングの言葉は、一神教 vs 多神教という観点からは語られてはいない。だが、両者の間にある厳然たる違いを理解しない限り、相互理解を成し遂げるのは容易ではない。

いずれにせよ、日本社会に歪みが生じている今、我々はもう一度「融通無碍《むげ》」に異文化と接し、そこから学ぶ力」という日本人の伝統的な強みを再認識し、真剣に異文化から「真似ぶ」時期を迎えているのではないだろうか。世界を観て、日本を見直してみる。そして、自分自身を見つめ直してみる。日本では「英語を話せる人が国際人」という神話が定着してしまったようだが、神話は真実ではない。真の国際人とは、きっとそういう自然体のできている人のことをいうのだろう。日本再生のキーワードとして、もう一度真剣に「異文化から真似ぶ」べき段階を迎えているのではないだろうか。

最後に勝海舟の『氷川清話』からの引用で本稿を終える。読者自身に考えていただきたいのは、上記のようにこれだけ価値観が違う人たちが蠢《うごめ》く国際社会の中で、（一神教的な「世間様教」と多神教的メンタリティーを併用し続ける意味は否定しないが）このような我が道を行く自己完結的な姿勢だけでいいのだろうか、という点である。

「主義といい、道といって、必ずこれのみと断定するのは、おれは昔から好まない。単に道といっても、道には大小厚薄濃淡の差がある。しかるに、その一を揚げて他を排斥するのは、おれの取らないところだ。人が来て囂々《ごうごう》とおれを責める時には、おれはそうだろうと答えておいて争わない。そして後から精密に考えてその大小を比較し、この上にも更に上があるのだろうと想うと、実に愉快で堪えられない。もしわが守るところが大道であるなら、他の小道は小道として放っておけばよいではないか。智慧の研究は、棺の蓋をするときに終わるのだ。こういう考えを終始持っていると実に面白いよ」

【追記】本章の対話の中で、久保利弁護士と冨山氏から、「気づき」をいただいた。それは、日本も「八百万《やおよろず》の神」などといいつつ、ある意味でそれは「建前」であり、実は「世間様教」ともいうべき、一神教的な心性を古来から持ち続けてきたという点である。これは、各種宗教の上に位置する

「上位概念」であり、ある局面では必ずそちらが優先される。

モーゼは、多神教になびき、一神教を捨てた3000人の同胞を処刑したが、日本人も「共同体」というカミに逆らった者に対しては、村八分という名の処刑を行なう。さらに、冨山氏が主張するように、たとえ逆らわなくても、今世紀においては共同体から弾き出されることがあり、それが若者の自殺につながっているとすれば、非妥協性、排他性という観点においては、もしかすると我々は、アメリカ人にも勝るほどの「一神教信者」なのかもしれない。

識者の視点

達人 久保利英明《くぼりひであき》

（弁護士、日比谷パーク法律事務所代表、大宮法科大学院教授、開成学園理事、他）

「知の世界を母国語だけで語りつくせる数少ない国」

森山　『日経新聞』に載っていた久保利先生のファッションに関する「派手な衣装は戦闘服なのです。戦国大名でいえば、華やかな緋縅《ひおどし》の鎧《よろい》、飾り立てた兜《かぶと》でしょうか」というくだり、大変共感いたしました。私も日本的感覚でいうと、派手なネクタイが好きなほうで、特に気合をいれるときは、より派手になる傾向があります。今日は、知の巨人との対談ということで、いつもより派手なタイを締めております。

久保利　（豪快に笑いながら、スーツの裏地をおもむろに見せる）ほら、今日は戦国大名たちの合戦の絵があるでしょう。武田信玄の風林火山です。気分によって、競馬であったり、蝶の舞であったり、薔薇の花だったり、いろいろな絵柄を使い分けています。

森山　美しいですね。まるで兜をつけた武人たちがこちらに飛び出してきそうな、実に鮮やかで迫力のある絵柄です。先生は正に和洋折衷、「多様性」を実践躬行《きゅうこう》されておられますね。派手なネクタイは欧米人が気合を入れるときに締めます。一方で、裏地に凝るのが粋というのは、江戸っ子のダンディズムでしょう。どこでこれをお作りになられたのですか。

久保利　昔から贔屓《ひいき》にしている個人テーラーがありましてね、そこに希望を伝えて布を探してきてもらうんです。毎朝、仕事に出かけるとき、こういうスーツを着ながら、ほっぺたを叩いて気合をいれます。いざ出陣です。さて、森山さんから事前に送っていただいた論点メモ全てに目をとおして、付箋《ふせん》をつけました。ご参照ください。一言でいうと、我々のもつ問題意識は共通しています。

森山　恐れ入ります。これは原稿をまとめるときに助かります。本題に入る前に、もう少し脱線させていただいてもよろしいでしょうか。セルゲイ・ミラノフというブルガリア人の友人がいます。今はロシア法の専門弁護士として活躍してますが、彼が駆け出しの頃、森綜合法律事務所でトレイニーをしていて随分と先生にお世話になったと聞きました。

久保利　20年以上前のことですが、よく覚えています。彼は語学の達人でね、ブルガリア語、ロシア語、英語、フランス語、そして日本語もできます。日本の司法試験は合格できなかったけれど、短答式で50点もとったんです。その後、ハーバード・ロースクールに留学したいと言うんで、所内でカンパを募って皆で彼の留学資金を用立ててしてあげたんです。差しあげるつもりでお金を渡したのですが、「卒業後に必ずこのお金はお返しします」という。そして卒業後にきちっとお金を返してきました。日本の古武士のような、大した男です。

森山　先生のご著書『「交渉上手」は生き上手』の中でも、冒頭から「人と人とのつながり」の重要性についてお書きになられていましたが、モノカキをやっていると、意外な人と人とのつながりの存在を知り「世の中は狭いな」と思うことが少なくありません。そして、いつもNo man is an island. というコトバを思い出します。

「絶海の孤島は、外界とのつながりが一切ない存在。人は決してそんな風にはなれない。一人では生きていけない。人は、人と人とのつながりの中でしか生きていけない」（拙著『ビジネスに効く英語の名言名句集』）

久保利　ジョン・ダン（17世紀の英国の詩人、思想家）の有名なコトバですね。

森山　ええ、先生のご著書の中に「絶海の孤島で一人暮らす以外に、人とのつきあいは拒否できない」という文章を見つけて、直感的に「ジョン・ダンだな」と思いました。ところで、つながりと言えば、「日本人は農耕民族の共同体」ということを言う人が多いのですが、いわゆる「海人《うみんちゅう》」的な人も、日本人には一定数いるような気がしています。私は勝手に自分が「海人」だと思い込んでいるのですが、僭越《せんえつ》ながら、先生もそうなのではないかと感じています（笑）。

久保利　ははは、「うみんちゅう」かな（笑）。網野善彦という著名な歴史学者（民俗学者）が「百姓とは百の姓《せい》」、つまり「百姓＝農民」ではなく、日本人は雑多な民族である点を喝破しています。中世及び近世に百姓身分に属した者たちが、決して農民だけではなく山民、漁民、職人等など多様な人々を指す言葉であったことを実証したんです。これが正しいとすると、違いに敏感すぎることは、異文化コミュニケーションにおいては、むしろマイナスではないでしょうか。僕は旅が好きで世界１３９か国を旅してきました。チャモロ人（マリアナ諸島の民）と間違えられたこともあれば、モンゴル人に間違えられたこともあります。ヨーロッパにも、韓国にも、日本人以上に気配りの名人がいます。国民性と個性って、基本的にごちゃ混ぜになっています。世界を歩くのが凄く楽しいのは、「あの国の国民性はこうだ」

「何々人はこういう人たちだ」と一般的に言われている国で、しばしばそうしたステレオタイプとは全く違った側面を持つ人々と遭遇することです。いずれにせよ、日本には農耕だけではなく、漁労などで生活していた人も多々いますから、農耕民族社会と決めつけるのは誤りと言っていいでしょう。

森山　なるほど、「多様性という寄木細工を楽しむ感覚」、これが大切なのでしょうね。ちなみに、ここで頭韻を踏ませていますが、英語ではこうしたコトバ遊びの感覚が肝要です。

久保利　英語でalliteration（頭韻）とかrhyming（押韻）ってとても大切ですよね。

森山　おっしゃるとおりです。この本の中でもまとめていくつか韻を踏ませるテクニックを紹介しています（270頁参照）。ところで、先生のおっしゃる「出羽の守《かみ》」、つまり「アメリカでは」「スウェーデンでは」と過度の一般化（over-generalisation）ってそこらじゅうで見聞きしますよね。極端な例、例えば「人から借りたものを返すのは良いことだ。従って、麻薬中毒患者から借りたこのナイフも彼に返すべきだ」とか「末期癌の患者にはモルヒネを使う。だから国民全員にモルヒネを解禁すべきだ」という論法では、誰もがおかしいと直感的にわかるのですが、「一郎という日本人に殴られた。だから日本人は全員野蛮な民族だ」などと言うと、何となく「そうかもしれない」と信じる人がでてきて、それが偏見やステレオタイプにつながっていきます。世の中には、こういう「出羽の守《かみ》」という人たちがどこの国にも必ず一定数いて、おそらく自分たちが「過度の一般化」という詭弁術を使っている認識はないのでしょう。だからこそ、常に健全なる猜疑心（healthy scepticism）をもって、自分の五感で判断することが不可欠ではないでしょうか。人間は鵜《う》ではないわけですから。

久保利 ええ、鵜呑みは危険ですよね（笑）。

森山 さて、先生は幼少時から舌鋒めっぽう鋭く、大人にも負けなかったそうです。自らの命《めい》を早くから知り、それに従って努力を重ねられて弁護士として大成功されました。しかし、今でもそうですが、先生が若かりし頃の日本は、今よりもっともっと「物言えば唇寒し」「言挙げご法度」の世界だったわけですよね。

久保利 確かに日本では自分で考え、自分の言葉で表現する人物が嫌われる風土があります。だから私は弁護士にしかなりたくなかったのです。弁護士は自由で自分で空気を作れますから。でも空気は読み、流されるものであり、作るものではないと思っている人が多い。しかし、本当のところ、「空気」って誰も定義できないんです。だとすると、空気に支配されて、語るべきところで黙るのは、本質的におかしいのです。

森山 同感です。特に気になるのは、メール文化等、失語文化が日に日に強まっているような気がする点です。多様な文化や価値観をもった人たちとコミュニケーションをとるには、言わなければ何も伝わりません。そして、それ以前に、語るべき自分がないとどうにもならないのです。

久保利 同感です。ただメール文化とは言っても、書く力は弱いようですよ。森山さんの「ネイティブの呪縛」（53頁参照）を読みましたが、日本人だって同じです。ロースクールの学生でも、「日本語になっていない」と言って教員たちが愚痴っていますから。但し、それは論文に関しての話で、普通の文章なら少しはマシでしょうか。それでも法科大学院の入試で自己申告書という、「なぜ本学を希望し、弁護士になりたいのか」を記載してもらうペーパーがあるのですが、やたら長いセンテンスとか、金釘流《かなくぎりゅう》と言われる下手な字とか、若い人は文章が苦手のようです。我々の結論は「昔はみんなラブレターを書いたけど、最近の人は電話か簡単なメールで済ますので、文章を練る機会が少なくなっているから」というところに落ち着いていています（笑）。

もう一つ大事な点ですが、教育の問題、つまり競争の否定が、個性の喪失につながっている点は否めないでしょう。同じことは良いこと、違うことは恥ずかしいこと、申し訳ないこと。そういうマインドセットが形成される土壌があります。駆けっこにしても、足の遅い者は遅い者同士を集めて走らせ、速い者は入れない。速い者は速い者同士で走らせる。そしてみんな同着とするのです。要は、誰も突出させないわけです。昔は、他は全部ダメでも、足だけは速いという子はそれなりに一目置かれたものです。そうやって、子供たちは一人ひとりの個性を尊重することの大切さを肌で知るのです。ところが、残念ながら、今はそういう機会が教育現場で減っているわけです。

森山　コンラート・ローレンツというオーストリアの有名な動物学者（ノーベル賞受賞）が「動物には本能的な攻撃エネルギーが存在する」ことを唱え、同種に対する攻撃性こそが種の維持と進化に貢献する有益な特性である点を喝破しました。人間が動物である以上、競争の否定は、人間の人間たる所以《ゆえん》を否定することとも言えそうです。いずれにせよ、実に異様な世界をつくりあげるのではないでしょうか。

久保利　そうですね。完全な悪平等、つまり共産主義みたいなもんです。最近、よく聞くジョークでこんなのがあります。（中国人同士の会話）「最近、日本人と付き合ってるみたいだね」「でも、案外いい連中だよ」「いやいや、あんまり近づかんほうがいい。共産主義者になっちゃうから」と。

森山　うーむ、あんまり笑えないジョークですね。「共産主義の本流を着実に歩む日本人」ということですか。ただ、共産主義って、本当に平等社会なのでしょうか。私はロシアビジネスを専門にしているのですが、ロシア人の同僚に以前こんな質問を投げかけてみました。「ソ連時代に良かったことは？」と。すると面白い答えが返ってきました。「あの頃は、クラスで突出した人がいると、皆、まるで自分のことのようにその人の才能を喜び、応援した。そういう教育だった。今は、皆自分のことばかりで、足の引っ張り合いや嫉妬など、とてもギスギスした社会になってしまった」と。

久保利　なるほど。ただ、その点について僕はこう解釈します。共産主義の危うさに気づいていた一部の賢明なリーダーたちが、本来の共産主義の在り様のアンチテーゼとして、意図的に突出したエリートを生み出そうとしたのではないか、と。それが「地球は青かった」のガガーリンや多数のスポーツや芸術エリートを輩出し、結果的に国力アップにつながっていったのではないでしょうか。

森山　であるとすると、我々の指導者層も、平等主義というか、共産主義もどきの空気のもつ危うさに気づいて、しかるべき対策を打たないとまずいことになりますよね。

久保利　ええ、森山さんから事前にいただいた論点にもありましたが、「お互いの違いを認めて、寛容の気持ちをもって異文化に接する姿勢の重要性」、つまり「そうやって目を開いて、世界を見ようとしないと損しますよ」という点に気づく必要があるでしょう。ただ、現実問題として、とても傷つきやすい自我をもった人たちが増えていて、議論にしても、基本的に自分が傷つけられる可能性があるので敬遠します。そして、異文化コミュニケーションもその延長線上で判断すると「ガイジンたちとは関わらないほうがいい」「日本にいたほうが安心だし、世界など見なくたってよい」という結論になるのでしょう。

森山　そういう「精神的鎖国」状態をどう打ち破るべきなのでしょうか?

久保利　そう、正に「精神的鎖国」です。今の人たちの価値感は、「金で幸せは買えない」「小さな幸せを見つけよう」などに集約されるもので、小田実に刺激されて世界で「なんでも見てやろう」とした私たちの覇気は感じられません。

森山　なるほど、ただ、今回の版元は違いますが、以前、もっと世俗的な版元の編集者がしょっちゅう私に「これが新宿紀伊國屋書店の売上ランキングです」といって番付表を持ってきました。たいてい刹那的欲求を満たすテーマが多く、特に「いかに楽して金を稼ぐか」的な本が多数ランキング上位にあったと思います。これは今でも同じ傾向のようです。

久保利　僕はそれらを読んでいるのは若者ではなくて、オジサンだと思います(笑)。いずれにせよ大事なことは、「カネだ、カネだ」という人もいなければならない点であって、誰もが「お金では幸せは買えない」と思う社会には活力は生まれないでしょう。カネの持つ魅力や魔力は、持ってみないとわかりません。僕だって若いときは、カネを求めたことがあります。ある程度お金をもってみて、カネの持つ魔力やはかなさに気づいてから、より自己実現的、社会貢献的な行動にシフトしていったように思います。

森山　確かにお金には強いエネルギーが伴いますよね。トラに乗るのと同じで、乗りこなせれば無敵ですが、落っこちてしまうと喰われてしまう。そして、おっしゃるとおり、「足《た》るを知る、足《た》るを喜ぶ」というのは、実際にある程度、物質的に満たされた経験がないとなかなか到達するのは難しい境地でしょう。

久保利　ええ、大切なのは、多様性であり、皆がどちらか一方に統一される状態は不自然でおかしいのです。「茹でガエル」の話がでてから、おそらく20年近く経つと思いますが、この状態をこれ以上続けていると、本当に「日本のポルトガル化」が起こるでしょう。

森山　「ポルトガル化」ですか？　2年半前に「日経ビジネスオンライン」で「共産主義だった遠い国からの脱出」という題でポルトガルの記事を書いたのですが、かつての社会主義政権のことをおっしゃっているのでしょうか？

久保利　いいえ、大航海時代の世界の先駆者だったポルトガルと現状との著しい違いを指したメタファーです。15世紀中頃から17世紀中頃の大航海時代に、ポルトガルは、アフリカ回りのアジア航路を開拓し、植民地化したアフリカの金とアジアの香料で莫大な利益を上げました。さらにその後、アフリカからブラジルへの奴隷貿易でも大儲けをしました。ところが、19世紀後半から、共産主義の影響が色濃くなり、革命が起き、さらにその後、軍事独裁体制が確立され、「ファシスト国家」と見なされ、国際連合の加盟さえ認められなかった時期さえあります。しかも、1970年代半ばには、共産主義と結びつき、企業は国有化され、農地改革も失敗し、政府累積債務は増大しました。一言で言えば、大航海時代は、国際社会の主要プレイヤーだったのに、その後は衰退の一途を辿り、今は、はっきり言って、ユーラシア大陸の西側にへばりついている小さな国に過ぎません。飯や酒は美味いし、人も悪くない。天気も良い。観光には最適で、イギリス人等の引退先としても大人気の国ですが、国際社会からはもはや注目される国ではなくなりました。一方で、かつての植民地ブラジルは、近未来の大国への道を着実に歩んでいます。日本もこのままだと、時間の問題で「ユーラシア大陸の東端にへばりついている小島国」というレッテルを国際社会から貼られてしまいますよ、という意味です。

森山　私は日本人としてはポルトガルについて比較的詳しいので、先生のメタファーの洒脱さはよくわかるのですが、平均的な日本の人たちは、ポルトガルといってもピンとくるのでしょうか。行ったこともない人が大半でしょうし、あの国の歴史についてもあまり詳しくないでしょうから。

久保利　そうかもしれません。だからこそ、ポルトガルにならぬよう危機感を持って欲しいですね。その意味で、英語社内公用語化を通して「世界に目を開け」「外国へ出て行く勇気を持て」というメッセージを力強く発信していくことは大切です。

森山　そうですね。「気づきのきっかけ」になるかもしれません。さて、次の論点に進ませていただきます。欧州のみならず米国も同じく歪みの多い成熟社会ですし、その意味で、英語を学ぶ日本人は、ストレスの多い環境で育った傷つきやすい、ストレス耐性の低い人たちと対話しなければなりません。こういう人たちが、ビジネス界というストレスフルな環境下に置かれて、英語が母国語ではない我々とつきあうわけです。そういう観点からすると、異文化コミュニケーションには「対決」や「勝負」という概念は馴染まないような気がするんです。むしろ、相手の気分をいかに害さずに共感を得るか、という、ある意味で対決の対極に目的は集約されるような気がしています。これは自分自身長年にわたる英語を使ったビジネス経験の中で、自戒をこめてそう感じています。

久保利　僕も同感です。拙著『「交渉上手」は生き上手』の中で、パワーゲームに対する疑問を呈しています。「本当にそれでいいのか?」という思いが強くなってきたからです。

森山　なるほど、「論理原理主義」から「共感アプローチ」への発想の転換ですね。古代ギリシャの哲学者ピュロンが言うように「反対の理屈を持たない理屈は存在しない」とすれば、論理原理主義に基づくパワーゲームに固執しても、ただただエネルギーを消耗していく不毛な戦いに陥る可能性が高いでしょう。この点に関して、事前に「逃げ道を与える重要性」について私の考えをお送りしましたが、もう少し具体的なエピソードをお話ししましょう。20年近く前ですが、銀行に勤める友人が携わっていた案件でこんなことがありました。無意識のうちに相手の逃げ道をふさいでしまって、内部からも外部からも四面楚歌に陥ったある日系企業の日本人駐在員の異文化コミュニケーション術の話です。日本の最高学府を出て、アメリカの大学院でも学んで、欧州の拠点長も2度目なのですが、友人の欧米人チームともぶつかりまくって、しかも信頼できるソースから情報が入り、彼の会社の現地人スタッフたちも彼に辟易しており、皆転職活動している、というんです。本人はまったく気づいておらず、ひたすらスタッフをネチネチ理詰めで苛《いじ》めており、彼らから友人に連絡があって「クライアントとはいえ、こんな人間とは働けない。この案件を降りよう」と言うんです。何か提案しても、本質論とは関係ない枝葉末節な質問をうだうだ繰り返して、いつの間にかアイディアを潰してしまう。建設的な議論ではなく、常に破壊的な議論。挙句の果てに「日本の会社ではこのくらい徹底的に細部を明らかにするのが常識だ。君たちも日系クライアントをもつならそのくらい知っておけ」と開き直るわけです。ただ、買収案件等ですと、ある程度目隠しで走らなければチャンスの女神は素通りしてしまうこともありますし、パズルのピースの全てが埋まっていなくても森（全体像）を見て判断を下さなければならない局面が必ずあります。これを現地人は懸命に説明して、迅速な決断を促してきたのですが、ついに匙《さじ》を投げてしまいました。

久保利　経歴からすると、英語はよくできるわけですよね。

森山　そうです。完璧とはいえませんが、たぶんＴＯＥＩＣのようなテストでは満点近いでしょう。平均的日本人のレベルは超えています。だから、言語の壁が問題の本質ではないのです。

久保利　問題は、相手の共感を得ることができない、つまりコミュニケーションの本質を理解していないわけですね。

森山　そうです。古代ギリシャの論理学の本の表紙には、じゃんけんでいう「グー」（拳骨《げんこつ》）の絵が描いてあり、説得学の本の表紙には「パー」（開いた掌《てのひら》）の絵が描いてあったそうです。正論原理主義というか、ガチガチのロジックで相手を追い詰めて、逃げ道をなくして、さらにグーで殴り続けていては共感など得られるはずもありません。

　ある仕事を80点のレベルで仕上げても、その80点に対して日本人上司は何のコメントもしません。無言。それで残りの20パーセントがいかに問題か、どうやって修正、改善すべきか、っていう点についてグチャグチャ注文し始めます。良く言えば、出来上がりの品質を百パーセントにもっていこうとする「飽くなきカイゼン・スピリット」ともいえるし、悪くいえば「他罰的な完璧主義」となります。問題は、注意や注文に熱中するあまり、ねぎらいの言葉が完全に忘れ去られてしまう点にあります。なぜなら、以心伝心の日本と違って、言葉を大切にする文化においては、言わなければ決して伝わらないからです。

久保利　確かに、日本人は、欧米人と比べると、身内の人に感謝の気持ちなんてあまり口にしないですよね。最近はだいぶ変わってきているし、人によっても違うんでしょうが、多くの日本人は家でもあまり奥さんをねぎらわないし、会社でもいちいち部下に「よくできてるよ。ありがとう」なんて言わないですからね。

森山　ただ、ご承知の通り、それが欧米人にはこたえるんです。家なら離婚話が出てくるし、職場では不満が鬱積して、ある日突然さようなら。

久保利　おっしゃる通り、日本は甘えの文化ですよね。日本人は、「言わなくてもわかるべきだ」「わからなければ相手が悪い」と考えがちです。以心伝心は当たり前。それを海外にも持ってっちゃうから、いろんな問題が起きちゃうんでしょう。

森山　ええ。「言わなくてもわかるはずだ」という思い込みって、やっぱり異文化に対する甘えなんですよ。「言わなくてもわかっているはずだ」という気持ちを捨て去って、「世界には言わないとわかってくれない人たちもいる。そういう異質な人たちとつき合っているのだ」と寛容の気持ちをもって接していくしか道はないのです。心の余裕とでも言うべきしょうか。言うは易し、ではあるのですが。

久保利　同感です。その視点を体得できた人は、急速に国際化が深化していくうねりの中で、より豊かな人生をおくることができるでしょう。僕は66歳ですが、還暦を過ぎてから社会への還元を強く意識して行動しています。その一つに、教育があります。かつて日本には1万人の訴訟弁護士しかいませんでした。ところが、今では2万8000人になり、弁護士5万人の時代もそう遠くないでしょう。こうなると、これ以上、古典的な訴訟弁護士は要らないのです。変革の時代に生き残るには、新しいビジネスモデルを考え出さねばなりません。そこで「良いロイヤーを作ろう」と思って、大宮法科大学院の設立に携わりました。なかなか骨が折れましたが、やってよかったと思います。

森山　弁護士の世界でもパラダイム・シフト（根本からの変革）が起きているのですね。そのうねりの陰で、食べていけない弁護士もでているそうですが、アメリカのようなambulance chaser（街で救急車を見たら追っかけて行って、被害者に告訴を勧める悪徳弁護士のメタファー）が増えてしまうと、日本らしさが損なわれて、ギスギスした社会になってしまうような気がしますが。

久保利　そうですね。だから理科系や金融などの専門家でない訴訟弁護士はもう要らんのです。私は授業も持っていて、テクニカルな講座もいくつか担当していますが、メインは1年生に対する「現代弁護士論」と3年生に対する「法律事務所経営論」の2つです。私の知り合いの弁護士をゲストスピーカーとして呼んだりして、いろいろな視点から話してもらっています。入口と出口でしっかりと開眼の機会を与えることで、その後の成長に大きな差がでると信じているからです。

森山　先生や先生のお友達の熱意あるお話を聞ける学生は恵まれていますよね。「強い種でもなく、賢い種でもなく、環境の変化に最も敏感に反応する種が生き残る」というダーウィニズムがついに弁護士にも適用される時代が到来した、ということですね。「拡大欧州ビジネス」の専門家として、私でよければ、いつでも学生さんの前でお話しさせていただきます。ところで、ロースクールって、欧米では vocational training（職業訓練）をする場所という位置づけですが、先生のお話を伺っていると、先行きの読めない時代だからこそ、専門知識プラス「人間力」が必要という点が伝わってくるのですが。

久保利　正におっしゃるとおりで、旧制高校卒業生のような教養の厚みが、これからの弁護士には、これまで以上に必要となるでしょう。僕の知る限り、東大では誰もが教養学部で最初は哲学などを学ぶはずです。僕らの頃はこれを一生懸命やりましたが、今はどこまで勉強しているのか不明です。少なくとも、旧司法試験制度のときは、早くから予備校で試験テクニックを学ぶほうに力を入れている人が多かったのではないでしょうか。ただ、日本の凄いのは、伊藤塾のように、司法試験予備校が教養や基礎法も教えていることでしょう。本来は、大学がその役割を担うべきだと思うのですが。いずれにせよ、教養や法曹論といった点も含めて、大宮法科大学院では、暗記だけに頼らないソクラテス方式に基づく指導をしています。また、夜間もあるので、社会人も通えるようにしており、法学部卒業生のみならず、様々なバックグラウンドを持つ人が学べるようになっています。

森山　なるほど、多様性にも留意されているのですね。

久保利　ええ、僕は、弁護士にはエリートとして社会の様々な局面で活躍して欲しいし、その義務があると思います。これは友人から聞いた話ですが、イギリスの名門イートン校を見学に行った時に、第一次及び第二次大戦で戦死したイートンＯＢの名前が刻まれた壁があったそうです。そうやって、エリートの社会における義務を肌で教えているのでしょう。

森山　ノブレス・オブリージュ（noblesse oblige　高貴の義務・美徳＝「持つ者」には社会的責任がある）ですね。フランス語ですが、英米で流行《はや》った概念です。

久保利　イギリスやフランスでは貴族がいたのでわかりますが、アメリカではどうやって広がっていったんでしょうね。

森山　私が知る限りは、米国南部で当初流行った言葉ではないでしょうか。最初は、奴隷制度というりアリズムに都合よく目をつぶったのでしょうね。ある意味で偽善的な理想論でした。実際、当時これを曲解した者たちの間で貴賤結婚（実態は奴隷にお手つけをした主人が彼女たちを妾としたわけで、多くは結婚ではなかった）が流行ったという話を聞いたことがあります。ですが、時空を隔てて、本当の意味でアメリカの美徳となっていきました。実際、欧米の成功者たちはこの美徳を実践している人が多いので感心します。久保利先生は、正に実践躬行《きゅうこう》されてますよね。「一人一票」実現運動にしても、大宮法科学院にしても、ポケットマネーまでお使いになられたそうで、なかなかできません。また、極めてご多忙にも関わらず、日本のイートンともいうべき、開成学園の理事もされておられる。これは全て、先生を突き動かすもの、つまり、ノブレス・オブリージュがあるからではないでしょうか。

久保利　日本への危機感です。エリートという言葉を使うと、階層（クラス）の話にもつながるので、日本では批判されやすいのですが、優劣や上下の概念をもってくる必要はないのです。先ほどの話のように、足の速い人も、勉強のできる人も、それぞれ優劣つけがたく立派なのです。それぞれの個性を生かして、それぞれのやり方で社会に貢献していくことで日本は強くなるのです。

森山　よくわかります。ただ、この言葉、辞書の訳語が問題で「高貴」などと訳すと、現代では胡散臭《うさん》く響きます。そこで私はよく「経験や知識のある人は、それを人に分けてあげましょう」と意訳して説明します。こうすると、訳語の持つ胡散臭さが心地よくぬけていくのです。いずれにせよ、ノブレス・オブリージュは、誰にでもできます。「与える」と「得る」は表裏一体ですから、まずは身近な人に見返りなど期待せずにできることをやってみると、思いがけず得られるものがあるかもしれません。それから、もう一つ大切なのは、「思うこと」と「実際にやること」はまったく違います。いちばん大切なのは実行力だと思います。

久保利 正にその通りです。そして、「実行力が大切」という点については、英語も同じです。国際化の時代のコミュニケーション手段としての英語の有用性は誰にとっても明らかです。だから、誰もが「英語は大切と思うこと」は簡単です。ですが、必ずしも皆が実践できていない。これは、ある意味で、明治時代の西周《にしあまね》、福沢諭吉のおかげでしょう。否、元をただせば、漢字のおかげかもしれません。法律でも、会計でも、科学や医学の術語にしても、全て日本語に訳すことができてしまい、ロースクールもビジネススクールもメディカルスクールも、日本語だけで教育できてしまう国の民はある意味で、幸福なのかもしれません。しかし、その知識に基づく意見や見識を、英語がわからないために、世界に発信できないのはお互いの損失だとも思います。

森山 なるほど、おっしゃるとおりですね。深遠なる知の世界を母国語で語りつくすことができる国って、いったい世界にどれくらいあるんでしょうか。世界には6000以上の言語があると言われていますが、それこそ日本語、中国語、英語、フランス語、ロシア語など、ごくごくわずかな言語でしか無理でしょう。我々日本人にとって当たり前のことは、世界では当たり前ではないのです。だからこそ、あえて心地よい空間（comfort zone）から飛び出して、英語を学ぶことが大切ではないでしょうか。

これは、昨日、ユニクロの柳井社長にもお話ししたのですが、石垣島のクラブメッドで休暇を取った際、どの部門も部門長が皆インドネシア人で、ちょっと驚きました。皆、インドネシア語以外に英語と（パリ本部との意思疎通のための）フランス語ができて、日本語ができる人さえいる。しかも、目付きが違う。生き生きしていて、眼光鋭い。一方、日本人は、優しい顔なのですが、末端社員として使われているように見えました。事実かどうかはよくわからないのですが。何か近未来東京の姿を垣間見た気がしました。

久保利　近未来東京の姿、石垣クラブメッドにあり、ですか。クラブメッドはリーダークラスを各国へローテーションさせるので、もしかしたらインドネシアのチームが石垣にまとめて来ていたのかもしれません。日本が移民を受け入れれば、「クラブメッド化」は必ず起きるでしょう。ただ、日本が移民を認めなくても、世界的企業が日本に直接進出してくれば、同じことが日本中で起きるかもしれません。日本人が世界で通用せず、ソニーやシャープが消え、サムソンやLGが世界で勝ち残るようなことが起これば、日本におけるそれらの企業の管理職や経営層は非日本人となることもあり得るでしょう。そうなると日本人でそこに採用されるのは英語のできる人だけになるかもしれません。ユニクロは、それが現実化した近未来において、日本人社員を世界で通用する人物にするために、今から英語会議を取り入れているとすれば、究極の従業員福祉と言えるかもしれませんね。社内英語公用語化の別な意味も見えてきました。

森山　ええ、柳井さんと話しましたが、あの方はそこまで先を考えてます。

久保利　なるほど。ところで、移民を受け入れず、かつジャパン・パッシング（日本外《はず》し）が続いて、世界企業もあまり日本に進出してこない場合、最悪のシナリオになるでしょう。つまり、皆貧乏になり、それこそ隣の超大国中国に単純労働者として出稼ぎに行かなければならない状況が見え隠れします。

森山　うーむ、これは何としても避けたいシナリオですね。そろそろ時間ですので、ずばりお聞きしますが、久保利先生は「英語社内公用語化」に賛成でしょうか？

久保利　ＹＥＳです。むろん、やらない企業があってもいいんです。ですが、やれるならやってみてください。いくつの会社がやれるかが見ものです。過半数を超えたら、皆やるでしょう。「世間様」が「英語化は良い」といえば社会は変わります。ちなみに、隣の韓国では、ロースクールの試験にも英語が必須ですし、韓国企業の入社試験にも相当高度な英語力が必要と聞いています。日本人はテストが好きだから、入試や入社試験の足切りにそれこそＴＯＥＩＣ９００点以上としたら、必死にやるのではないでしょうか。

森山　どうやったら、世間様を説得できるのでしょうか？

久保利　森山さんみたいに心ある人たちが、こもごもと「世界を見よ」「この村はこのままいくと潰れるぞ、ポルトガル化するぞ」と言い続けることしかないでしょう。いずれにせよ、日本は敗戦から65年、逆に勝ちすぎてしまったのかもしれません。僕の好きなコトバに「軍勝五分を以って上となし、七分を以って中となし、十分を以って下となす」（武田信玄）があります。五分は「励」を生じ、七分は「怠」を生じ、十分は「驕」を生じるわけです。今の日本は、「怠」と「驕」のハザマにいるのでしょう。

森山　何事もほどほどがよい、勝ち過ぎはよくない、ということですね。いずれにせよ、日本人は世界に向けて目を大きく開く時期を迎えています。「教育とは、学校で習ったすべてを忘れてしまった後に、自分の中に残るものをいう。みずから考えることのできる人間をつくるための訓練である。そして、その力を社会が直面する諸問題の解決に役立たせて、はじめて教育に意味合いが出てくるのだ」とアインシュタイン博士は喝破していますが、一人ひとりが自分の強みを理解して、そこから発信していく姿勢、これが大切でしょう。

わたしは「国際人」の条件として、「お互いの違いを認めて、寛容の気持ちをもって異文化に接する姿勢」を挙げています。異文化を絶対化せずに良い面から「真似《まな》」び、自国文化の弱い面を補完していく姿勢。これができる人は、結構少ないんですが。コトバじゃないんです、結局は。いずれにせよ、「英語は勉強」「英語は仕事のため」と表層的に考えずに、「人生を豊かにする一つの手段」と考えることは大切でしょう。肩の力を抜くと、案外、英語の上達は早いかもしれません。今日は貴重なお時間をいただき、心よりお礼申し上げます。

久保利　大変に愉しい刺激的な時間をありがとうございました。ポルトガルに隠居するのはもう少し先延ばしして、この国の教育や選挙制度を根本から立て直すことが必要ですね。

識者の視点

達人　内永《うちなが》ゆか子
（ベルリッツ・コーポレーション代表取締役会長兼社長、ベネッセホールディングス取締役副社長）

「グローバル化の時代＝誰も経験していない世界」

森山　従前よりお世話になっております大歳《おおとし》さん（日本ＩＢＭ会長）からご紹介いただきました森山進です。本日はよろしくお願いします。内永さんといえば、「多様性」というコトバが思い浮かびますが、毎日どんな風に多様性と対峙《たいじ》されておられるのでしょうか？

内永　よろしくお願いします。多様性という意味では、女性という意味でも、民族という意味でも、かなり多様な職場環境のなかで仕事をしています。

森山　直属の部下の方は？

内永　主要拠点の現法社長や各サービス・ラインのグローバル統括者など15人です。アメリカ人、フラ

ンス人、ベルギー人、日本人、南アフリカ人、ボリビア人、イラン人などなど。ただ、そのうちベルリッツの歴史が長い人たちは5人だけなんです。残りは全部外から引っ張ってきた人たちです。

森山　ほとんどＩＢＭの時の内永さんのお知り合いですか？

内永　ええ、そうです。実は、最初エグゼキュティブ・サーチ・ファームに連絡したんですが、紹介された人たちのスペックを見ていて、自分の知り合いに連絡したほうがよさそうだと判断したんです。

森山　なるほど、ＩＢＭには優秀な人たちがたくさんいらっしゃいますものね。とはおっしゃっても、ＩＢＭを辞めて、老舗《しにせ》とはいえ、かなり規模の小さな会社に移るのはＩＢＭのエリートにとっては大きな心理的壁があったのではないでしょうか。ＩＢＭといえば、アメリカでは、日本でいう財閥系みたいな重みがある、いわばアメリカのアイコンみたいな会社ですよね。しかも内永さんレベルの幹部と接点があるということは、ＩＢＭに長年いた人たちですよね。

内永　ええ、確かにそうです。でも、引っ張れちゃったんです。

森山　どうやって口説いたんですか？

内永　「面白いから一緒にやらない？　おもいっきり大きくしない？」って誘っただけです。

森山　うーむ、それは凄い。内永さんの突出したpersonal magnetism（人間的磁力、徳）と信頼感があったからでしょうが、その軽いノリで短くまとめられてしまうと絶句してしまいます（笑）。さて、優秀なチームメンバーを集めて、ベルリッツはいわばメタモルフォセス（大変身）を遂げたわけですが、入られた当初はどうでしたか？

内永　ベルリッツって、確かに世界70か国に５００拠点をもち、創業１３０年の老舗なんですが、最初は小さなランゲージ・センターでスタートして、だんだんと増殖していったわけです。私が入った２００８年時点でさえ、これは古巣との比較論かもしれませんが私の目には、それぞれの国が独立愚連隊みたいな存在として映ったんです（笑）。だから、早急にグローバル・インテグレーションを進めなければな、と痛感しました。実際、入って１週間で戦略的方向性を決めちゃったんですよ。

森山　Oops、また来ましたね。内永さんって、達成が本来極めて難しいことを非常に軽いノリで「やっちゃった」っておっしゃられるので吃驚《びっくり》しちゃいますよ（笑）。正に英語でいうJust like that.ですね。

それにしても、１週間で戦略的方向性を決めてしまうとは、おそろしく早いご決断でしたね。

内永　危機感です。「本気で変わらないと１４０年を迎える前にダメになってしまう」と感じたんです。ランゲージ・センターというビジネスモデルだけでは、インターネット社会がどんどん進化していく中で、加速度的にコモディティー化してしまいますし、絶対に生き残れない。だから、生き残りを賭けて変革することを決意したんです。そして、変化の触媒として「グローバル・リーダーシップ・トレーニング」（ＧＬＴ）というアイディアを思いついたんです。

森山　なるほど。ＧＬＴっていうと、早速12月に直島《なおしま》（香川県に属する瀬戸内海の島）で開催されますよね？個人的に私は直島に行ってみたいと思っているのですが、確かベネッセの福武總一郎会長のゆかりの地ですよね。今回が初めてですか？

内永　ご存知でしたか。ええ、初めてです。「なんでベルリッツがやるんだろう？」って思われませんでしたか？

森山　多くの方はそう思われたでしょうね。ただ私自身は、ウェブで見た瞬間に、内永さんのアイディアだろうと思いましたよ（笑）。こういう斬新な発想は、創業者やその一族を除けば、なかなか一つの会社しか知らない人からは出てこないものです。プログラムをみたら、大歳さんも特別講師でいらっしゃるようでしたので、本当に参加するつもりでいたんです。ところが、その週にクライアントの幹部が欧州に来ることになったため諦めました。内永さんほどではありませんが、なかなかまとまった時間がとれません。大蔵さんのお話も伺えるし、直島にも行けるし、それにアスペン研究所より値段も安いじゃないですか。「これはvalue for moneyだな」と直感的に思って本当に楽しみにしていたんです。

内永 ありがとうございます。次回は是非ご参加くださいね。今回は、ベルリッツ・ジャパンのイニシアティブで日本アスペン研究所と組んでやるんですが、今後は米国のアスペン本部とも連携しながら、世界中で展開していきたいんです。そして、近い将来、「直島会議」を開催するのが私の夢です。いろいろな国の人たちを集めて、ethics（倫理）とか哲学とかを高次元で語り合い、人類が直面する様々な問題を解決する糸口を見つけられればいいな、と思っているんです。ちょっと大袈裟《おおげさ》かもしれませんが、collective intelligence（集合知）を引き出すためのサロンですね。

森山 「集合知」って、本来は人類ならではの力のはずですものね。ダボス会議にも対抗できそうですね。何か私にできることがあればお手伝いさせていただきます。うまくいけば、「直島サミット」とか呼ばれたりするかもしれませんね。

内永 そうそう、正に目標は「直島サミット」なんです。直島を、アート（芸術）だけじゃなくて、インテリジェンス（知）の発信地にもしたいんです。

森山 いいですねえ。

内永 いいでしょ（笑）。そういう環境に日本人を置けば、普段はなかなか発言しない人であっても、やっぱり英語を使って話してみようとするんじゃないでしょうか。

森山 もちろん内永さんが積極的に発言される光景は容易に目に浮かぶのですが、一般的な日本の方も積極的に発言するのでしょうか。文化、哲学、倫理、自然、歴史などといったテーマで議論をするには、常日頃から「本の虫」となってコンテンツを増やしていく自助努力が欠かせません。そういう下地がなくて対処できるのでしょうか。対話や議論って、コミュニケーション以前にコンテンツがないとできない、というのが私の信念です。そしてコンテンツがあっても英語という道具を使いこなせないと発信できないわけです。私自身、日本人の出席する様々な会議に出ましたが、日本語、英語にかかわらず、全員が積極的に発言する会議というのはあまり記憶にありません。ただ、そういう場を設けて、一人でも多くの日本人が発信できるようになるチャンスを作るというのはビジョンとして素晴らしいと思います。

内永 ＩＢＭ時代のことですが、日本アスペン研究所のワークショップに参加しました。十数名の企業幹部が一週間指定の宿舎に缶詰になって古典の内容を議論します。哲学、倫理、宗教、歴史、文化、芸術、自然などについて徹底的に話しあうんです。参加者との対話、そして何より自分自身との対話を通じて、それまでは思いもよらなかった「気づき」があります。全員事前に読書リストを渡されて読み込んできますから、共通のプラットフォームでテーマの深堀りができるんです。企業から選ばれた精鋭が派遣されてくるからなのかもしれませんが、私の時は全員積極的に発言されていましたよ。東芝の西田さんなんかは突出してましたが、他の人も皆頑張っておられました。自分でも吃驚《びっくり》したのですが、一週間もそうやって「対話」していると、全員の知見を融合させたような、ある種哲学的なテンプレートが空間にぼわっーと、圧倒的な存在感をもって浮かび上がってくるんです。コトバではうまく表現できないのですが、実に感動的な瞬間です。

森山　なるほど、それが先ほどおっしゃっていたcollective intelligence（集合知）のことだったのですね。確かに古典って、時空を超えて後世に遺《のこ》されただけありますよね。ある時代に固有の内容はどんどん削ぎ落とされていく一方、時代や国籍に関係なく人類に共通する普遍的な知恵は、凝縮されて確実に後世に遺されていきます。いわばエキスのようなものですよね。日本人は世界でも突出して栄養ドリンクが好きなのですから（笑）、「知の栄養ドリンク」である古典も積極的に読むべきでしょう。

内永　ほほほ（笑）。確かに、ハウツー本では絶対に得られない知恵に出会うことができますよね。

森山　ええ、マニュアル本では「語るべき自分」はなかなか確立できません。この本も一見するとマニュアル本のようなタイトルですが、中身についてはこの点に注意して書いたつもりです。単なる英語の話だけでは、半年もたてば読者の心には何ひとつ残らないでしょう。少しでも読者の方の血となり肉となるような話を意図的に入れています。さて、ユニクロや楽天の社内英語化のニュースについてどうお感じになられていますか？

内永　とても親切な会社ですよ。社員の人たちは恵まれています。だって、会社がお金やその他有形・無形のサポートをしてくれるわけでしょ。そこまでしても変わって欲しい、変わらないとこれからの時代幸せになれないよ、と社員に親切に事前に教えてくれているんですから。普通は、自らの気づきで、自己責任と自助努力のもと変わらなければならないケースがほとんどでしょう。これからの時代は、日本人であっても、いつどこに飛ばされてもやっていくためには、最低限英語はできなければ話になりません。ただ、英語はツールに過ぎないので、それだけでは不十分なのです。日本人から「真の地球人」に成長するためのカギは、diversity（多様性）とinclusiveness（受容性）です。

森山　なるほど。「多様性」と「寛容の精神」の重要性というのは、本書のテーマでもあります。事前にお送りした論点のいくつかはそのまま本書に入れてありますので読者にはそちらを読んでいただくこととして、内永さんとの認識が共通していたようで光栄です。「多様性」については、国籍や経験だけでなく、女性の活用という観点からもよく言われますが、私自身、娘が一人いて、しかも私の会社のロシアや東欧拠点では総合職の女性比率が7割以上といった状況ですので、女性の重要性については、平均的な日本人中年男性よりも鋭敏な肌感覚をもっているといえるかもしれません。ただ、それは今でこそ自信を持って言えるわけで、日本にいた頃は、典型的な日本人であり、そういう視点がありませんでした。実際に五感で体験してみて、ようやくわかったというのが正直なところです。ただ、知ることは変わることなんです。知った瞬間に昨日までの自分と訣別できるわけですから、better late than neverとポジティブに捉えています。誰だって「気づき」さえあれば、いつでも視点は変えられます。

ところで、これは目から鱗だったのですが、『バカの壁』などを書いた養老孟司氏の別の本にこんなことが書いてありました。

「昔から『女の子は女らしく』と言うけれど、女の子を放っておいたらどんどん強くなって男勝りになってしまう。生命体として強いのだから、それが当たり前。だから、押さえつける意味で「女らしく」と育てる。一方、『男の子は男の子らしく』というのも理にかなっていて、放っておいたら、どんどんひ弱になってしまうから、厳しく育てていかなければいけない」と。

昔の人というのは物事の本質をわかっていたんでしょうね。ある意味で、最近の「草食男子」というのも、男の子を甘やかして育てる親が多いから、当然の帰結なのかもしれません。昔のように「男らしく」というコトバを口を酸《す》っぱくして言い続けなければ、生物学的に、草食男子化して当たり前なのでしょう。それだけじゃありません。現代では環境ホルモン問題だとかストレスなど様々な要因が重層的にからみあってくるので、ますます男性は男らしく成長できないのかもしれません。

内永　弱々しい男性が増えてきているのは由々《ゆゆ》しき問題ですね。私は女性という意味でのdiversity（多様性）については多方面で発信してきましたので、詳細はそちらをご参照いただくとして、森山さんもおっしゃっていましたが、グローバル化の時代に真の「地球人」になるには、体力とストレス耐性も不可欠です。ですから、男の子は「男の子らしく」と言いながら育てて、女の子には何も言わずに育てるのがベストかもしれませんね（笑）。

森山　ははは（笑）。さて、いただいたGLTの説明資料の中に「グローバル・リーダーに必要なスキルセット」というページがあって、「多様性・不確実性への受容と対応力」「異文化理解」「英語コミュニケーション能力」という大きな柱の下にいくつか項目があります。その中に、「論理的思考力」「ビジョン策定能力」「人間力」「教養」と並んで「ネットワーク」というのがあります。日本には「人脈」というコトバが好きな人が多いのですが、欧州ではそんなものを自慢する人はあまり見かけませんし、それを扱ったマニュアル本もみかけません。ただ、口にしなくても、皆自分のネットワークをきちんと構築しています。

内永 そうですよね。リーダーには、ネットワークはとても大切です。リスペクトしあえる人たちと、会社の内外、特にソトでつながりを深めていくことです。はっきり言って、これがないとあるレベル以上のリーダーにはなり得ないんです。大きな成功もできない。ただ、これって日本人の得意分野ではありません。日本の場合、人脈ってポジションに付随してできてくるものですよね。会社を辞めちゃうと消滅してしまう傾向があるんです。本質的に、個人と個人の「つながり」ではないからでしょうね。

森山 要するに、「個の確立」がネットワークの構築には重要ということですね。拙著『ビジネスに効く英語の名言名句集』という本の冒頭にこんな引用をしています。

人は、一人で生まれ、一人で死んでいく。米国の鉄鋼王アンドリュー・カーネギーの墓碑銘には、次の言葉が記されている。

みずからより賢き者を近づけるすべ知りたるもの、ここに眠る。

Here lies one who knew how to get around him men who were cleverer than himself.

アメリカを代表するこの偉人は、自分一人の力など、ちっぽけなものである点を知りぬいていたのだろう。吾以外皆師也。人一人の力など、たかが知れている。謙虚さをもって、他者から学ぶ。原因他人説よりも原因自分説。自分がもたざる力をもつ者を、どれだけ自分の周りに魅《ひ》き寄せることができるか。そこに人生を豊かにするヒントは隠されているのだろう。むろん、常日頃から、人間的魅力、磁力を養うための自助努力が不可欠なのは言うまでもない。

私自身、会計士や税理士という肩書きだとつきあう人たちが狭《せば》まってしまって面白くない。だから、本を書きはじめたという側面もあります。私は「人脈」というコトバが大嫌いで一切使わないのですが、ネットワークについてそんなに難しくは考えていません。「面白いと思えるか」という観点だけを大切にしています。「面白い人と会いたい、話したい、刺激を受けたい、そして一段高い視点を持ちたい」、そういう思いを胸に多方面で発信していると、自然と面白い人と接点ができてくる。コトバではうまく説明できないのですが、不思議とつながってくるんです。今回も、その帰結で、内永さんのような面白い方とお話できてうれしいです。

内永　恐れ入ります。確かに、「精神的自立」「個の確立」はリーダーの重要な要件の一つです。ネットワークというのは、確立した個をベースに、別の個とつながっていくプロセスですよね。

森山　個と個がつながっていくと、より高い視点に到達できて、今まで見えなかった世界が見えてきます。これもまたさっきと同じで「知ることは変わること」、つまり自己変革プロセスなんです。

内永　そうです。そして、そういう視点を企業戦略にも応用しない手はないわけで、実際ベルリッツとしても、ネットワークを重視しています。特にうちのランゲージ・センターの受講生、つまり「ベルリッツ卒業生」の中には、キッシンジャーをはじめ、真のグローバル・リーダーがたくさんいます。そういった人たちを集めて、先般、１３０周年記念パーティーを開催しました。「会社と会社」という枠組みを超えた「個と個のつながり」の中から面白いアイディアって生まれてくるものではないでしょうか。

森山　同感です。私の会社でもしょっちゅうAlumni Eventと称してパーティーをやっています。基本的に、日系企業のように「辞めた人間は、共同体を捨てた人・裏切り者」というネガティブな見方はしないのでしょう。「人は、人と人とのつながりの中でしか生きていけない生き物である」というスピノザの名言がありますが、辞めた人ともいつどこで接点（つながり）があるかわからないわけです。ですから、辞めた人には、うちの会社のアンバサダー（大使）として別の会社で頑張ってもらいたい、という観をもって送りだし、定期的に関係性を活性化（keep them warm）していく必要があります。ＣＲＭならぬ、ＡＲＭ（Alumni Relationship Management　離職者関係性管理［著者の造語］）とでも言えましょう。これは多分、21世紀の日系企業も「真似《まな》」ぶべき視点ではないでしょうか。自戒を込めて私はそう感じています。もはや、いつまでも伝統的な「ウチとソト」の概念や「ムラ社会のしきたり」に縛られていては、自縄自縛《じじょうじばく》に陥って、ダーウィンを引くまでもなく、淘汰されてしまうかもしれません。

ところで、ウチとソトという概念は「殻」ともいえますが、得てして教育機関というのは殻に閉じこもりがちで、変革を嫌う風土があるのではないでしょうか。

内永　そうですね。語学学校中心だったかつてのベルリッツもそういう傾向があったと思います。実は、GLTも当初アメリカの大学院と組んでやってみたのですが、これからは自前でやることにしました。やはり、知の陳腐化と申しますか、急速に変化していくビジネス環境に必ずしも大学等の教員の方はついていけてないケースもありますし、「受講者＝お客様」という視点が、サービス業界で長年過ごしてきた私から見て、十分ではない点に気づいたからです。

森山　なるほど。人間ってなかなか本質的な問題には気づくことができない生き物なのでしょう。私は、人が「問題」というコトバを使うと眉に唾をつけて聞くようにしています。多くの場合、人がいう「問題」って問題ではないんです。「現象」に過ぎません。本当の問題は、数多《あまた》ある現象の下にひっそり息を潜めて隠れているものです。その意味で、「グローバル化」というのも怪しげなコトバではないでしょうか。

内永　同感です。実際、日本の経営者の方の中には「グローバル化が問題」という人が少なくありません。そう言いながらも、実際は「グローバル化」の本質を肌感覚で捉えておらず、せいぜい「外国人と英語を話すこと」ぐらいのイメージしかもっていないケースもあります。問題はそういう感覚のズレのほうだと思うんです。

森山 よくわかります。しかも、「英語を話すこと」についても「語学」という観点でしか捉えていない人が大半ではないでしょうか。本当は、外国語を学ぶというのは、第1ステップで「その国を知り」、第2ステップで「自国文化との違いや矛盾を前にもがき苦しみ」、第3ステップで「異文化への寛容の精神を知り、自国を相対化して見ることができるようになる」ことなのです。つまり、英語を学ぶことで、正反合《せいはんごう》を通して、日本や日本人そして自分自身をより高い視点から見られるようになる、という点に本質的な意味があるのです。この3段階を経験すると、我々の「根っこの部分」、つまり日本的なもの・文化を大切にすべきだという視点を誰もが再認識できるはずです。グローバル化の時代だからこそ、根っこのない者は最も軽んじられるはずです。

日本の英語学習者は、とにかく英語はネイティブに、日本語は一切使うな、日本語に訳すな、という風潮の中で勉強しています。もちろん子供にはそれがベストなんでしょうが、大人の学習者にとってそれが最善とは限らないわけです。なぜなら、大人の場合、日本の文化や日本的なモノの見方、論理構成が頭の中に染みついているわけですから。あえてそういう根っこの部分を自虐的にとらえたり、自己否定する必要はないと思うのです。たとえば、文法だとか、読解だとかは、やはりきっちり日本人教師について習ったほうが上達が早いのではないでしょうか。大人の英語学習者に大切なのは「二刀流」であり、日本人とネイティブの教師を併用することが大切だと考えます。「A or B」の発想に囚われずに、あえて「A and B」と考えてみる。発音とか、作文とか、そういうところはネイティブ教師に頼んで、それ以外は日本人教師から学べば、相当効率的に外国語を学べると思うのです。これが私のいう「二刀流の発想」の意味です。ベルリッツの指導法については、私はよく存じ上げておりませんが、このあたりはどのようにお考えですか？

内永　「心のバリア」を外すことがまず何よりも大切です。中学校レベルの英語でいいのです。発音だって、日本人訛りでいいのです。グローバルで通じる英語を学んでいこう、というマインドセットが大切ではないでしょうか。私なんかも英語でスピーチするとき、IBM時代は一切緊張しなかったのですが、ベルリッツに来た頃は肩に相当力が入りました。だって、周りは皆元々英語の教師だった人たちばかりなんですから。「ここはこういう表現にすべきだ」なんてフィードバックしてくる人たちもいるわけです。だけど、それでいいんです。英語はもはや英米人のものではないのです。これまでの「グローバル」っていうコトバは、とどのつまり「アメリカ中心の世界観」に基づくものに過ぎませんでしたから、その共通語もアメリカ語でした。だけど、今我々のいう「グローバル」っていう言葉は、全く違う意味を帯びてきているんです。「グローバル化」と口にするのは簡単なのですが、本当のところ誰も経験していない世界、つまり誰もよくわかっていない世界なんです。

森山　なるほど。「グローバル」という言葉の意味が変わってきている以上、世界語である英語の意味も変わってきているわけですね。だからこそ、「グローバルで通じる英語を学ぼう、コミュニケーション方法を学ぼう」という視点が大切なのですね。拙著に『トヨタ流英語上達術』というのがあって、その中でトヨタの幹部の方がこんな風に言っています。

「愚直の意味は『工程飛ばしをしないこと』です。これは問題解決の基本で『問題の発生場所まで一工程ごとさかのぼる』ことにも通じます。もし工程を飛ばしたら、そこに内在している真因を見逃してしまうかもしれない。だから亀の歩みの如く粘り強く一歩一歩、少しずつでもいいから、必ず毎日進歩・変化することが大切なのです。これがトヨタウェイの真髄だと思います。英語の上達にもそうした積み重ねが大事なのではないでしょうか」と。

その意味で、特に初学者の人たちは、御社のような学校で基礎を習って、横着をせずに努力を積み重ねることが不可欠でしょう。そして、中・上級者の人たちは、さっきのGLTみたいな視点を強く意識していくことが肝要でしょう。なぜなら、「英語を話すこと」と「多様な人材と対話を重ねながら、集団を率いて問題解決する力」というのは全く別次元の話だからです。

内永　おっしゃるとおりです。まず英語についてですが、オバマとブッシュの英語を比較して、わかりやすさに違いがあるとすれば、多分それは「グローバルで通じる英語」という点を意識しているかいないかの違いだと思うんです。少なくとも、ベルリッツはその観点から外国語教育を行なっています。そして、その伝統を残しながらも、私たちは、かつての語学学校を中心とした組織からGlobal Educational Companyへの進化過程にあります。「日々変化し、フラット化する世界の中で、今求められている人材とは何か？」を考え続けています。多様なマーケットを理解し、多様な人材を統率できるグローバル・リーダーを一人でも多く生み出すお手伝いをさせていただきたいと考えております。

森山　今日は本当にありがとうございました。内永さんって、僭越ながら、姉御《あねご》肌というか、なんか包容力がありますよね。私は江戸っ子なんですが、「下町の親しみやすい姉さん」みたいな印象です。側近でおられる志村さんにしても、本当に「姉御」として慕っている感じ、つまりtrust and respectがひしひしと伝わってきます。こういう力って、つまり「愛」ですよね、人に対する愛、日本に対する愛、地球に対する愛。それが多分グローバル・リーダーにとって最も大切な資質の一つといえるのではないでしょうか。私はいつか真顔で「愛」を語れる政財界のリーダーが日本でもたくさん出てくることを密かに期待しているのですが。

内永　そんな風に言われちゃうと照れくさいですね。確かに私にとってチームの人たちは財産です。特に前職時代からずっと私を信じてついてきてくれた人たちは私の宝物です。六本木に百万石というトンカツ屋さんがあるんですが、そこに一緒に来て欲しい人たちに集まってもらって「決起総会」を開いたのですが、今でもそれを昨日のことのように鮮明に覚えています。

森山　トンカツ屋でエイ、エイ、オー！　ですか。うーむ、内永さんは実に熱いですね。Enthusiasm is contagious.（熱意は伝染する）といいますが、こちらも熱くなってきました。熱が冷めないうちに今日のお話を原稿にして、読者の皆さんにも内永さんの「気」を体感してもらいたいと思います（笑）。今日はお忙しい中、ありがとうございました。

識者の視点

達人 冨山和彦《とやまかずひこ》
（経営共創基盤代表取締役社長）

「異文化との接触を通して『観』を確立せよ」

森山　冨山さんは、産業再生機構のＣＯＯとして八面六臂《はちめんろっぴ》のご活躍をされたことから、どちらかというと国内派と思われている読者もおられるかもしれません。そこで最初に明確にしておきますが、お爺様が日本からカナダに渡った日系移民一世で、お父上が日系二世として国外で過ごされ、その後日本に戻ってこられたそうですね。そういうご家庭の事情もあって、冨山さんご自身、幼い頃から異文化と接してこられて、社会人になってからもスタンフォードでＭＢＡを取られています。ボストン・コンサルティング・グループでキャリアをスタートさせて間もなくＣＤＩ（コーポレイト・ディレクション）を起業され、その後様々な分野でご成功されているのは、皆さんご存知の通りです。その意味で、決して国内

派ではなく、「複眼」をお持ちの経営者ということで今回お声をかけさせていただきました。さて、論点といいつつ、何十ページもメールで事前にお送りさせていただきましたが、いかがでしたでしょうか。私の主張はあのペーパーで言い尽くしましたので、今日はなるべく黙って冨山さんのお話を伺いたいと思います。

冨山　なかなか興味深い論点でしたよ。「集団のもつ無言の壁の厚さに、無力感に苛《さいな》まれることが多い」というくだりを読んでいて、やはり日本企業の共同体論理が海外ビジネスにおいても足枷《あしかせ》になっているのだな、と思いました。今日は、最近上梓した『カイシャ維新』（変革期の資本主義の教科書）という拙著の内容とからめながら、社内英語化の話を考えてみたいと思います。よかったら、これどうぞ。

森山　おっ、サインつきですね、うれしいです。実は、冨山さんのご著書『指一本の執念が勝負を決める』を以前読ませていただき、今回も飛行機の中で再度読み返してきました。行間から滲《にじ》み出てきて、こちらに向かって一気に迫ってくる冨山さんの「気」の力が凄くて、あれを読むと元気になります。

冨山　恐れ入ります。森山さんも活字人間ですが、僕も活字人間で、書くのも読むのも好きです。あの本の中でも触れていますが、自分の一族の歴史から、永遠に存続するものはない、絶対に安全な場所にいる人なんて誰もいない、という思いが自分の中に強くあるんです。だからこそ、「ルールは変わらない」ということに賭けるのは非常に危険な気がしてならないんです。

森山　冨山さんは、その意味で、華僑的、ユダヤ的ですよね。彼らのバイタリティーの裏には常に危機意識があるように思われます。実際、冨山さんを「移民の子孫」という説明にしてしまうとピンとこない読者もいるかもしれませんが、要するに「和僑《わきょう》」なのです。だから、華僑やユダヤ人との共通点があって当然でしょう。私は、冨山さんのお爺様とは時代背景は違いますが、「和僑一世」と自覚していますので、冨山さんと何か通じるものを感じます。

冨山　なるほど、和僑ですね。だからこそ、共同体つまり「カイシャ幕藩体制の藩士」になる道を選ばなかったのでしょう。ところで、「共同体の掟」、つまり目の前の「調和」を破壊することへの強い忌避感というのは、皆さんが考えている以上に、頑固で厄介なものです。それが、どれだけ日本の組織の判断を歪めてしまうのか、という事実を、そろそろ日本人リーダーたちは直視しなければならない時期を迎えています。

森山　私も今回の企画にあたって、昔読んだ山本七平氏の『「空気」の研究』をじっくり読み返してきたのですが、重要な改革って、たいてい共同体の調和を乱さざるをえない性質を持っていますよね。一方で、日本のリーダーたちが、共同体の論理で選ばれたムラの空気を読むことが最も得意な人たちであるとすると、改革って彼らにとって最も苦手なことですよね。要するに、やりたくないことなのでしょう。

冨山　そうです、やりたくない。そして、それをやる訓練もしてきていない。必死に学んできたのは、戦場で生き残るための武器の使い方や戦略構築の手法といった実践的なものではなく、組織の階段を登っていくための「調整力」です。会議にかける議案を通すために複数の部署を回って何時間もかけて根回しする、なんていうのは、言うまでもなくグローバルなマーケットからみれば、何の役にも立たないスキルセットでしょう。

日本人って、「世の中は絶対に揺るがない」という自信を皆がもっているときは、異形なものに対して意外に寛容になります。改革もある程度受け入れるし、海外にも目がいく。一方で、今は世の中が大きく揺らいでいます。こういう時は、「揺るぎない日本」ということに対して誰も自信をもつことができません。そういう環境下では、皆目線が内向きになり、自分たちのスピードでゆっくり、ゆっくりプロセス改善してくれるリーダーが望まれます。そもそも「調和を乱す者は悪」なんですが、その心性がより一層強まるんです。

森山　海が「べたなぎ」の時は多少改革はできても、海が「しけ」てしまうと、よくてカイゼン程度しかできない、というわけですね。

冨山　但し、それが「大しけ」になって、社会構造が変わるときには、大きな対立、いわば革命が起こり得るのです。大化の改新、元寇、明治維新、太平洋戦争、歴史を振り返ると明らかですよね。

森山　なるほど、大きな変革が起きるのは、すべて日本にとっては危急存亡の秋《とき》ですね。そして、その背景には、必ず外圧がありました。

冨山　ええ、唐、モンゴル、そして欧米列強の脅威がありましたよね。「本当にヤバいな」と感じると、頑固な共同体も動き出すんです。ただ、共同体って、霧がかかっている間は一切動きませんから、霧の中でも陣取り合戦する人たちがいると、霧が晴れたときはゲームオーバーとなっていることが少なくありません。投資で言えば、「順張り」しかしないんです。

森山　「逆張り」はしないわけですね。正攻法に最後までこだわって、どうしようもなくなって、奇襲を仕掛けるのでしょう。つまり、弾力的に「正と奇を合する」ことは、苦手なのかもしれません。さて、そうした共同体のもつ頑固な排他性、非妥協性の中で、改革を起こせるリーダーに不可欠な資質とは、どういうものなんでしょうか？

冨山　一言でいえば、精神的にも、肉体的にも、経済的にも強い基盤があって、個の確立した人、孤独に打ち勝てる人でしょう。そのためには、二つの顔を持たねばなりません。一つは、マキャベリストとしての顔、そしてもう一つはビジョナリーとしての顔。どちらが欠けても、改革はうまくいきません。

しかも、変革期においては、その二つの混合割合は99・9％対0・1％が最適です。最近の日本の政財界のリーダーを見ていると、残念ながらいちばん重要なマキャベリスト的な顔の重要性を理解しているようには思えません。共同体のinertiaというのは非常に手ごわく、だからこそ、リアリストである「汚れ役」が不可欠なんです。

森山 inertiaって辞書には「慣性」なんて書いてありますが、文系のコトバで言えば、頑《かたく》なに変化を嫌う共同体の心性のことですよね。もっとわかりやすく言えば、安部公房の世界でしょうか。例えば、『砂の女』にでてくるムラの論理。迷い込んだ村から逃げようとしても、足を引っ張られて戻されてしまい、想像を絶する砂との戦いにも、単調な日課の繰り返しにも、いつの間にか慣れてしまう。しかも、そのうちささやかな充足感まで感じて、共同体と同化してしまう。最後は、逃げられるのに「いつでも逃げられるから」と言って、もはや逃げださない。実は、今回、飛行機の中で読み返してみたんですが、今まで気づかなかった発見がありました。表紙の裏に一言だけ「罰がなければ、逃げるたのしみもない」って書いてあって、妙に合点がいきました。正に共同体のもつ生き物のような側面ですね。

冨山 おっしゃるとおり、安部公房は日本社会の現実を、抽象的かつ嘲笑的に表現してます。そんな共同体でも、変革期に入ると、世の不条理を直接経験しリアリズムを熟知したリーダーを必要とします。例えば、日本には「貧乏人は善人」的な幻想がありますよね。でも、人間って「貧すれば鈍《どん》する」というように、追い詰められれば簡単にアイディアリズム（理想主義）を捨てて、どんな悪いことでもします。性には善も悪もなくて、善悪は表裏一体なんです。

森山　冨山さんのおっしゃる「産業再生機構で多数の案件をこなしてから、カミュの『異邦人』を読んでも、もはや不条理とは思えない」というのは、わかる気がします。

冨山　そう、合理と情理の狭間で悩み続けながら、マキャベリスティックに物事を見られるようになると、もはや不条理は不条理でなくなるんです。尖閣諸島問題にせよ、ロシア大統領の北方領土訪問にせよ、大国のリーダーはみな冷徹なリアリストです。日本のリーダーとは比べ物にならない地獄絵を見てきた人たちです。中国にしたって、文化大革命で自分の肉親や友人など周囲の人がたくさん死んでいるんです。そして、そういうことがいつ何時また起きるかわからない、という危機感をもった人たちが、政財界のリーダーの中にもたくさんいます。こういう人たちは、自分の家族にも英語を習わせて、いざという時にどこにでも一家で逃げて生き延びられるよう、日ごろから準備しているはずです。韓国も同じで、彼らが勢いを持ったのはＩＭＦ管理下に置かれた後からですよね。落ちるところまで落ちると、リアリズムを肌で熟知した、いわば「観」をもった強力なリーダーがでてくるのでしょう。そして、興味深いことに、韓国も中国と同じく、皆必死で英語を学んでいます。

森山　なるほど、落ちるところまで落ちて体得した危機意識。最悪のシナリオを想定して、つまりリアリズムから英語を学ぶという観点もあるのですね。そういえば、同じ話をユダヤ人の友人から聞いたことがあります。「資産（お金）は没収されうる。だが、誰も知恵を奪うことはできない。どんなことがあっても、決して奪われることなく確実に墓場まで持っていけるもの、それが本当の資産だ」と。彼は「世界中のどこに行ってもそうした知恵をフル回転で使えるように、常日ごろから外国語の習得努力は欠かせない」と言っていました。

冨山　ええ、ユダヤ人も危機感を常にもっているリアリストでしょうね。ただ、日本人は本当の意味で危機意識をもつような経験をしてきていません。維新後、藩はなくなりました。でも、農村共同体は残ったんです。戦後、農村共同体は崩壊したものの、今度は「カイシャ」という共同体が取って代わったんです。良い学校に入って、良いカイシャに入る、という「カイシャ幕藩体制」の成功方程式。これを金科玉条のごとく信じて皆走ってきたわけです。ところが、長年にわたって磐石《ばんじゃく》だった共同体が、ついに一部の構成員を支えきれなくなってしまった。これは村人たちにとって全く想定外の状況で、親たちも経験していないので、子供たちにどうすべきか教えることができません。国がカイシャを支え、カイシャが個人を支える、という日本的共同体論理が、静かに着実に、崩れはじめているんです。そして、真っ先に共同体のソトにはじき出されて孤立してしまったのが若年層です。そういう若年層の自殺が著しく増えています。

森山　うーむ、本当にそれで人は死にますか？

冨山　死にます。コミュニタリアン型社会での最大の罰則は何だと思いますか？

森山　村八分ですか？

冨山　そう、村人が共同体の中で認められないと、精神的飢餓感に苛まれます。人間のネガティブな感情、例えば悲しみとか怒りっていうのは、時が癒すんです。しかし、孤独は、時が深めていきます。自分がコミュニティーから排除された状態が、この先30年も40年も続くと思うと、共同体の住人は喩えようもない孤独感に苛まれます。そして、その現実を受け入れられずに、逃げ出したくなるんです。つまり、現実逃避手段として自殺を選ぶ人がでてきます。しかも、若者だけじゃなくて、中年のオジサンたちだってポストがない。コミュニティーの中には辛うじて残っているけれど、疎外感という観点からは若者と同じで、すでにカイシャ幕藩体制の一員ではないわけです。

森山　なるほど。そのお話でふと思い出したのですが、ホロコーストを生き延びたヴィクトル・フランクルという精神科医がいます。彼は「ナチス強制収容所で極限まで追い詰められた人間が何を思うのか」という点をとことん考え続けました。過酷な経験をしたフランクルが最終的に到達した境地が、「人間の特性は、前を向いてしか歩けない、未来への希望を持ってしか生きられない点にある。言い換えれば、未来永劫の相の下に、物事を俯瞰し、正反合《せいはんごう》できる力と言えよう」（森山 訳）でした。

冨山　名著『夜と霧』を書いたオーストリアの精神科医ですね。

森山　そうです。正にその本の中で、人間が未来への希望を失った状態についても語っています。「人生の意味や目的の喪失」、すなわち「自分は何のために生きているのか?」という、根源的な問いに答えられなくなる状態がいちばん危ないと。フランクルはそれを「実存的空虚」と呼んでいますが、もしかすると今の日本の若者の心性と重なる部分があるかもしれません。「共同体」という心の拠り所を失い、見捨てられ感と虚無感に苛まれ、絶望するわけです。

冨山 そう、それで人は死ぬんです。

森山 なるほど。確かに、強制収容所の過酷な生活の中で、生きる目的も価値も見いだせなくなって死んでいく人がたくさんいたそうです。フランクルは「人間の実存的本質は、自己超越にある」点に気づいて生き延びましたが、私は日本の次世代の人たちにも『夜と霧』のような名作を読んでもらい、フランクルの視点に少しでも近づいて欲しいと思っています。そのためには、まず何よりも個の確立、精神的自立を日本人の若者はしなければならないのでしょう。

冨山 おっしゃるとおりで、「一身独立して一国独立する」という福沢諭吉の名言も正しいんだけど、実際には、精神的にも、物理的にも、経済的にも自立していて、孤独に打ち勝てる人じゃないと、「共同体の中での個の確立」ってなかなか成し遂げられないんです。

森山 わかる気がします。「独立の気力なき者は必ず人に依頼す、人に依頼する者は必ず人を恐る、人を恐るる者は必ず人にへつらうものなり」と福沢諭吉は言っていますが、私の肌感覚では、これに加えて、「群れて、陰口を言う」、つまり烏合《うごう》の衆と化す人たちが少なくないように見受けられます。「80対20の法則」が正しいとすれば、8割はそういう人たちでしょうね。

冨山 そう、8割はそういう人たちです。自立してない人、つまり、助けてあげようと思っている正にその相手が、皮肉にも自分を敵視してくるわけです。心底憎まれるんです。だから、本質的には、日本におけるリーダーは、英米のリーダーが期待されるレベルよりもはるかに高い独立自尊を成し遂げる必要があるんです。山本七平の『日本的革命の哲学』なんか読むとよくわかるんですが、変革期の改革者は、生半可な自立では共同体の空気やinertiaに立ち向かえないんです。怨嗟《えんさ》の渦のなかで恐ろしく孤独な戦いを強いられます。それこそ「殺されてもいいから、俺はやる」ぐらい腹を括《くく》らなきゃならない。しかも、そういうリーダーが思う存分活躍できる局面って、歴史の中でもほとんどないんです。百年に一度あるかないか。類まれなる資質をもっていても、ちょっと生まれるのが早ければ、全く活躍できずに異端児としてバッサリ切り捨てられてしまうんです。その意味では、ひょっとするとアメリカもnot ready to changeかもしれませんね。

森山　ええ、事前にお配りした資料にも書きましたが、「日本人が知っていると思い込んでいるアメリカ人像」と「大衆的な（本当の）アメリカ人像」の間には大きな隔たりがあります。問題は、それについて冨山さんのように気づいている人が日本にはどれだけいるのかという点です（これについては88頁の「一神教vs多神教」参照）。「日本人の知らないアメリカ人」たちの内在的論理って、もしかしたら日本の共同体心性に似ている側面があるかもしれません。もちろん、本質的には異質なものなのですが、キリスト教（一神教）の持つ排他性と日本の一神教「世間様教」（日本教）の排他性って重なる部分があると思うんです。この視点からアメリカ社会を俯瞰すると、本当に黒人のリーダーを受け入れられるのか、という問いに答えるのは実に難しいと言わざるをえません。

冨山　同感です。情報化社会が発達し過ぎているから、波が来ていると錯覚しやすいんです。

森山　なるほど。ところで、アメリカと日本の共同体の共通点をお話ししましたが、大きく違う点が一つあります。それは「物事は黒白では割り切れない。真実は、たいていその中間の灰色の部分にある」、「三は万物に通ずる」という価値観です。「世間様教」を最上位の概念とすると、その下にいわゆる日本の宗教がきます。八百万《やおよろず》の神の下、物事はもともと割り切れないとわかっているから、絶対的に一つのことに執着することはない。その結果、本質的な部分は変えずに、異文化から良い部分を吸収できたことが、今の繁栄につながっているのではないでしょうか。

冨山　そう、その「世間様教」が絶対に揺るがない、という前提のもとに生まれたマインドセットでしょう。そして、この二層構造の結果、日本のキリスト教って少し変わった発展をしています。これだけたくさんのミッション系の学校が長年存続している非キリスト教国って世界でも稀じゃないでしょうか。一部の人たちは信徒になっていますが、なったとしても、その上位概念である「日本教」の信者であり続ける。基本的に改宗しないんです。もちろん、さっき言った「ちょっと変わった2割の人たち」は改宗する蓋然性をもっているんでしょうが、マジョリティーは変わらないんです。

森山　言われてみれば確かに、キリスト教は独特の発展をしてますよね。日本って、実は、異文化に対する抵抗感って少ないいんです。歴史的に見ても、異文化の中に自国文化より優れたものを見つけ出すことを得意としてきました。見つけ出すと、それを徹底的に分析して、分解し、新しいものを創り出す。仏教文化にせよ、漢字にせよ、医学にせよ、ソトを手本として内外の知識や経験を融合させ、日本独自のものを生み出していきました。平安時代は和魂漢才、近世では和魂洋才と、師匠は時代によって変わっていったのですが、それは模倣という言葉だけでは説明しきれない日本独自の学び方でした。最初は異文化の教えを「守り」、次に「破り」、最後は日本固有のものを創り出し「離れて」いく。このような芸道にも似た取り組み方（「形」）こそ、日本流と言えるのではないでしょうか。

冨山　揺るぎない共同体があれば、伝統文化って、そう簡単には壊れないんです。言語は心なんていいますが、言語を変えたところで、脈々と受け継がれた思考パターン・マインドセットは変わりません。しかも、英語はモノ凄いスピードで多様化しています。シングリッシュ（シンガポール英語）にせよ、インド英語にせよ、とても英米人の英語とは思えず、ある意味で、エスペラント語化していると言っても過言ではないでしょう。

森山　シンガポールについては、本書194ページに私の意見を書いていますので、読者にはそちらを見ていただくとして、確かに英語は多様化してますよね。ただ、「日本人英語でいいんだ」というメッセージを真に受けていいのは、一定レベルの英語知識のある人だと思うんです。先ほど申し上げた「守・破・離」で言えば、「破」ですよね。そして、最終的にアメリカ英語から離れ、イギリス英語から離れ、「自分の英語」を確立する段階（「離」）を迎えるわけです。これはおそらく、冨山さんや私の段階でしょう。だからこそ、初学者に対してはこれまでの著書等全て一貫して「まずきちんと基礎を正統派英語で学ぶことが大切だ」と言ってます。基礎って何かといえば、それこそ日本の学校で高校卒業時までに習う英語を完璧にすることでいいと思うんです。それができれば、本来ＴＯＥＩＣ程度のテストはほぼ満点がとれるはずです。ところが、基礎段階を終了する前に「型《かた》」を崩してしまうと、「形《かたち》」にはなりません。

冨山　同感です。いずれにせよ、英語は、共通ツールであって、それ以上でもそれ以下でもない。だからこそ、大切なんです。数学だって、アラビア数字を知らなければ、何の勉強もできません。よって、日本以外のマーケットでビジネスを行なうことが不可欠な企業に勤める一定のインテリ層には、不可欠なツールになります。但し、そういう人たちは就労人口の10％にも満たないでしょう。はっきり言うと、それ以外の人たちには、あまり関係ないんです。なぜかわかりますか？「英語ができないと食えない人」というのが、日本ではまだまだ少ないからです。東南アジアなど観光依存度の高い国では、英語ができなければ食うことさえできない。死活問題です。だから皆必死です。しかし、日本人はまだそこまで追い込まれていない。英語ができなくても食っていける。危機感がないんです。日本という村で生まれ、村で生きて、村で死んでいく大多数の日本人にとっては、英語はまだ不可欠なものではないでしょうし、仮に英語を操れる人を増やしたところで、ＧＤＰ貢献度は微々たるものでしょう。

森山　「就労人口の10％が英語を話せればよい」というご意見ですが、その観点からユニクロや楽天等の英語社内公用語化をどう考えればよいのでしょうか？

冨山　「ものを決める人は一人」、そういう会社では全社員対象の英語化は可能です。オーナーがオーナーの責任で弾力的に舵取《かじと》りができる。僕が言っているのは、「共同体ではムリ」ということです。経営には二つの側面があって、一つは「implementation（執行）の質」、そしてもう一つは「decision（決断）の質」があります。先行きの見えない、不連続な時代に問われるのは、後者の「決断力」です。だからこそ今、ワンマン企業が強いのです。ソフトバンクの孫氏、ユニクロの柳井氏、楽天の三木谷氏。皆、トップが直接舵取りしています。

森山　共同体には、決定権者がフォーマル、インフォーマルを含めたくさん存在する、ということですね。イギリスの諺にあるようにToo many cooks spoil the broth.（シェフが多すぎるとスープがまずくなる［船頭多くして船山に上る］）の傾向は、共同体ではより顕著に現れるのでしょうね。

冨山　そうそう、日本語でも「三人寄れば文殊《もんじゅ》の知恵」とは言うけれど、「百人寄れば」とは言わないですよね。いろいろな人が、ああでもない、こうでもない、と言っていると、結局何も決まらないのです。連続する世の中のときは、それでもよかったのでしょう。トップの決断よりも、プロセス改善の質を高めていけばよかったのですから。

森山　しかし、先行きの読めない、海図なき時代には「決断力」が肝要ということですね。ところで、トップは孤独です。だから、心の拠り所を求めても誰も責められません。決断力のお話と関係しているのかわかりませんが、リーマンショック以降、特に仏教が再び日本のビジネスマンの間で脚光をあびているようです。実際、般若心経を持ち歩いている経営者に、私自身何人も会いました。

冨山 よく日本人は、都合の良いときだけ仏教をもちだすけど、「自分は私利私欲を捨ててる」って言っていても、捨ててないんです。日本人は西洋的な絶対的欲求に対してはわりと淡白です。「自分が個人的に求めているもの」と「共同体が求めているもの」とでは、後者を重視する人が多い。ただ、共同体に身分や生活を保障されているからこそ、そういうスタンスがとれることを忘れてはいけません。本当の意味での「無」の境地とは、ほど遠いわけです。もちろん、もしもその人が共同体から離脱して、日本社会全部を敵にまわしても構わない、というのであれば、私利私欲を捨てたといえるでしょう。ただ、そこまではなかなかいかないわけで、もしもそこまでいったら、それこそ法華経に近くなるわけです。

森山 石原莞爾《いしわらかんじ》ですね。

冨山 そう、石原莞爾も法華経。ただ、普通日本人が言っている般若心経とかそういうのは結局のところ、それよりも上位概念である「共同体論理・空気」に支配されているんです。

森山 人様の目、つまり「世間様教」ですね。

冨山 そうそう。日本の仏教って教団を形成するでしょ。だけど、そもそも仏教って組織宗教じゃないんです。ところが、日本だけは違う。もちろん、宗教も地域地域の文化に適応して、進化していくんでしょうが、日本の進化の仕方はかなり独特です。さっきのキリスト教の話と同じでムラを作るのです。

ムラと言えば、ちょっと飛躍しますが、六本木ヒルズだって、結局「ムラ」社会だったんです。三菱とかエスタブリッシュメントとは違うんだけども、しょせん村社会だったんです。

森山　そう考えてみると、私はよく「21世紀は多極化の中で足《た》るを知る時代」なんて言っているんですが、もしかすると「足るを知る」っていう仏教的な（本質的な）意味が、大多数の日本人にはうまく伝わっていないかもしれませんね。

冨山　伝わっていないでしょう。「足る」っていっても「自分の所属する共同体のサブグループの平均値と比べて突出しない」ということに過ぎないわけで、しょせん比較論です。

森山　私は、仏教的に解釈して「己が『足る』を決める」ことが大切だと思うのですが。自分の尺度で決めないと意味がないですよね。だけど、自分がない人にはそれができないのかもしれません。京都の龍安寺《りょうあんじ》に刻まれている「吾唯足知」（われ、ただ足るを知る）という言葉を、自戒を込めて、私は「知足、喜足」なんて言っています。足るを知り、足るを喜ぶ。石庭にある15個の石のうち、一度に見ることができるのは14個のみ。必ず一つは他の石に隠れて見えない。これを不満に思うなかれ、むしろ14個も見ることができる喜びをかみしめたまえ。決して満たされることのない人間の欲望、性《さが》に対して、龍安寺の石庭は沈黙を守りながら警鐘を鳴らし続けています。私は、日本が戦後の焼け野原から世界第二の経済大国になれたのも、正に「知足、喜足」の大切さを本質的に知っていたからではないかと思っています。これって、世界的に見ると決して当たり前のことではなく、むしろその重要性を理解している民族は、ごく少数ではないでしょうか。

冨山 それは確かにそうなんだけど、日本みたいな強固な共同体があると、どうしても比較論から離れられないんです。日本共同体と比べてどうか、自分の属する共同体のサブグループと比べてどうか、そういう発想を断ち切れません。僕の例でいえば、「教駒・東大」という共同体サブグループの住人と比較して自分がどうなのか、という視点になります。僕自身はすでに共同体の住人ではないんですが。

森山 なるほど。戦後の焼け野原であれば、皆貧しいから平均値も貧しく、よって「足るを知る」ことができる。一方で、豊かになると平均値も上がり、貧しかった頃の「足る」では「足るを知れ」なくなるわけですね。ところで、私は中央区の新富町で生まれ育ったのですが、バブル期に私の生まれ育った地域では、今では到底信じられないほど地価が上がったんです。昔から代々そこで商売を営んできた人たちも、金融機関や地上げ屋の説得に応じて土地を売り、引っ越していきました。不思議だったのは、大金を手にしたがために、不幸になった人々を少なからず見かけたことです。今まで見たこともない大金を手にすると、高級車を買い、それまでは行ったこともなかった高級クラブに通い始める。仕事も休みがちになる。そのうち仕事を辞める。そうなると、転落のスピードは最高潮に達します。喫茶店経営。株の信用取引や商品先物。マンション経営。それまでまったく知識のない素人が手を出しても、負けは最初から見えています。やがて、喫茶店はつぶれ、マンションはテナントが入らず、相場は崩れ、お金はみるみるうちに消えていきます。金の切れ目が、縁の切れ目。家庭崩壊、一家は離散。負けに不思議の負けなし。端《はた》から見ると、まるでお金が不幸を一緒に連れてきたかのように見えたんです。

冨山　よくわかります。僕は世田谷区の尾山台出身で、周囲に金持ちはたくさんいたけど、あまり幸せそうに見えませんでした。僕もお金のもつエネルギーの怖さを子供の頃に知ったように思います。

森山　そうでしたか。さて、サブプライム問題っていうのも実は同じではないでしょうか。誤解を恐れずに大まかに且つ象徴的にまとめてしまうと、大金を稼ぐウォールストリートの証券マンが、相対的貧困感に苛まれ、「もっと欲しい、もっと欲しい」と賭博場と化した金融市場で本質的に価値のない証券もどきのババ抜きをやったことが原因ですよね。1億円稼いでも、10億円稼いでいる人を見て自分は貧乏で不幸だと思ってしまう。10億円稼いでも、100億円稼いでいる人と比較して、相対的貧困感に苛まれる。どんなに頑張っても満足できない。もっと、もっと、もっと。同じく相対的貧困感に苛まれた頭の回転の速い人たちが、価値のない住宅ローンを証券化というお化粧を使って美人さんに仕立ててあげ、世界中にいる「もっと、もっと」というおカネの好きな人たちに売りまくる。そのうち、音楽は鳴り止み、一気に化粧は剥がれ落ち、反転が始まったのが、正に2008年の秋でしょう。その後、世界中のリーダーたちも、知足の重要性に気づいて（あるいは再認識して）、金融機関幹部のボーナス規制などを導入しましたよね。その意味では、共同体であってもなくても、人と比べながら欲望を膨張させてしまうのは、人間の性《さが》ではないか、と思っています。そして、市民レベルで知足を理解している人が多い国は、世界広しと言えども、ごくごく少数ではないでしょうか。多くの日本人は、そういう自分たちの凄さに気づいていないように見えます。

冨山 多分同じ意見なのだと思いますが、とどのつまり、英米人も日本人も「インセンティブの奴隷」です。欲望からは逃れられない。僕はこの点、もっとマキャベリスティックに見ています。さっき森山さんのおっしゃっていた土地バブルの話のように、多くの日本人も足るを全く知らないわけです。だから、自戒を込めて、仏教的な「足るを知る」を好むのではないでしょうか。

森山 そうかもしれません。ただ、私はあまり自虐的にならずに、日本人はもっと自分の国を褒めたほうがいいと思うのです。以前、「日本が日本を褒めたなら」という記事を書いたことがあるのですが、これまでの日本は常に「日本はダメだ、自分はダメだ」と言い続けて、海外から学びながら、自己改造を続けてきました。それが日本の強さの原動力だと思います。しかし、成熟期に入った今は、もはや自虐的にやらずに、少しでも自分で自分を褒めて、自信を回復したほうがいいと思っています。

さて、時間も押してきましたので、そろそろ最後の論点に進みたいと思います。題して、「海人 vs 陸人」。日本の球界から果敢に大リーグに移り成功した日本人のパイオニアである野茂英雄投手が、以前テレビでこんなことを言っていました。

「こっちに来てみて、次世代の大リーガーや野球ファンをいかに育てていくかを、みんなとても真剣に考えていることを知りました。日本にいた時とは、選手たちの関心が違うことに驚きながらも、いつの間にか『自分もやらなきゃな』という気持ちになっていました。次世代教育を真剣に考える彼らを目《ま》の当たりにして、正直、刺激を受けたのは大きいですね」

このコメントにいたく感動しましてね。野茂氏に興味をもっていろいろ本を読んでいたら、『「海人」野茂英雄の研究』（荒木博之著）という本に出会いました。その中で野茂氏の祖先が長崎県五島列島出身であり、「海人は異文化を恐れぬしたたかな自我を持つ。その典型が五島の漁師の血をひく野茂である」というくだりが妙に頭から離れなくなり、いろいろ調べていくうちに、日本人の中にも「陸人」（これは著者の造語）ばかりでなく、パスポートなどができるずっと以前から、果敢に海外に船で行って積極的に異文化（東南アジア諸国）と接点をもっていた人たちがいたことに気づきました。何でも最初に何かをやることって大変なんですよね。特に、冨山さんのおっしゃるように「共同体」の中で、前人未到の世界を進んでいくには、強い精神的自立、つまり自我が確立されていないとできません。野茂氏は、教育は、本来、インプットしてきたものをアウトプットして終わるのではなく、それを次世代に継承してはじめて完結することに気づいたんでしょう。素晴らしいリーダーだと思います。その観点からしても、私は、冨山さんは「海人」かなと思っています。

冨山　さあ、どうでしょう（笑）。ただ、日本の組織って、海人の論理だけでは解決できないんです。まず森山さんの住んでいる欧州でいえば、「海人」って、アングロサクソンや北欧人といった北方の島国や半島に住む人たちですよね。海人は、土地の法的所有にこだわります。しかも少人数で領土を占有し、搾取する傾向があります。一方、陸の民は土地の所有にはあまりこだわらず、実効支配で満足します。陸人の例を挙げるとすれば、ドイツをはじめとした欧州大陸の人たちやロシアもそうでしょうね。

森山 ちょうどロシアから戻ってきたのですが、うちのモスクワ事務所のForensic Services（不正監査・不正対策サービス）の人間と昼食を取りながら、外国企業のモスクワ現法における不正が多い理由を尋ねたら面白い回答が返ってきました。「外国人は結局ロシアに永住しない。いずれ去っていく。だから、彼らに対して何をやってもいい、という発想が一部のロシア人にはあるのでしょう」と真顔で言われて吃驚《びっくり》しました。正に、排他的な共同体、つまりさっきの安部公房の『砂の女』のムラの発想ですよね。

冨山 なるほど。ただ、人間でもそうですが、似た者同士ってうまくいかないんです。だから、「陸の民」である日本が組む相手は、「陸の民」だとダメなんです。相互補完的な意味からも、「海の民」のほうがいいんです。もっとはっきり言えば、英米と組むべきです。そしてアジアでは、ＡＳＥＡＮ諸国と組むべきなのです。

森山 海と組め、海人と組め、そのほうが長期的にいい、ということですね。

冨山 そう、サステイナブルな関係が構築できます。ただ、外交ではそれでいいのですが、国内の改革となると話は別です。「平家、海軍、国際派」というように、「海の民」はインテリジェンスは高いんですが、日本の共同体においては、長期戦で必ず「陸の民」に負けます。「信長 対 家康」もそうですよね。だから、長期的には陸の人、改革には海の人。そうやって、使い分けるとうまくいくでしょう。

森山　なるほど、「陸人の国」である日本においては「海人」は短期リリーフ投手として使うべきということですね。

冨山　そうです。「海の民」のアングロサクソンたちも日本で会社を買ったりするのはいいんですが、この点を理解せずに、がちがちのアングロサクソン流でやると必ず失敗しています。一方で、カルロス・ゴーンなどごく一部の経営者は、その点を熟知していて、物凄く狡猾に立ち回りました。まず、勝因の一つは、日産のインテリたちから見ても、舌を巻くぐらい、能力が高かった点です。ただ、それだけじゃだめなんです。インテリを威圧する方法って二つあるんです。一つは、インテリたちが、想像できないくらいの「獣」としての直観力を見せつけること。アニマルとしての本能的な力です。もう一つは、同じインテリとして、圧倒的に頭がいい点を見せつけることです。「こいつには敵《かな》わない」と思わせることができるかどうかにかかっています。彼には銃声飛び交う中を生きてきたレバノン人としての根源的な力があったと思います。部族型の人々の人間力でしょう。

森山　人間的迫力（気）と地頭《じあたま》の掛け算が勝因ということですね。以前、猛獣使いの話を聞いたのですが、ライオンは、恐怖を感じると人間に立ち向かってくるけれど、直感的に「こいつには敵わない」と感じるとひれ伏すそうです。ちょっと、それに似てますね。

冨山　そうそう。「従わないと、お前を殺すぞ」という狂気と圧倒的な頭の良さ、この二つが渾然一体となったリーダーには、どんなインテリも頭《こうべ》をたれるのです。

森山　つまり、カイシャという生き物のような組織の中で改革するには、そういう統率力が必要なのですね。最近、日本の文化というとアニメといわれるほど、サブカルチャーの国際化が深化しているようです。正直なところ、現代のアニメは見たことがないので語る資格がありません。ですが、例外が一つだけあって、私は仕事に疲れると、深夜、松本零士氏の『銀河鉄道９９９』を見て大宇宙を想うのですが、その中でいつも考えさせられる場面があります。それは、鉄郎の向かう最終目的地である機械化母星メーテル及び惑星大アンドロメダという星が、実は、機械の体（死の恐怖のない永遠の命）欲しさに集まってきた人間のエネルギー（命の火）を集めて造られた有機体になっている、という事実を知る場面です。たくさんの人間の死体がベルトコンベヤで運ばれているのを目撃して鉄郎は大きなショックを受けます。今回もその映画を見て思ったのですが、私は松本零士氏が「日本的共同体」をあの漫画を通して風刺しているのではないか、と勝手に解釈しています。いずれにせよ、海外に長く住んでいると、日本の共同体の空気がまるで生き物のように感じられることが多々あります。

冨山　正にそこが重要です。日本企業でリストラや部門売却を行なう場合、組織内に張り巡らされた神経と血管の重要性を理解しないで、モノっぽい「会社」観で、イキモノっぽい「カイシャ」をバッサリやると、競争力を失ってしまう例は少なくないんです。外資なんかは、しゅっちゅうそれで失敗してます。その意味で、森山さんのいう「機械化母星」的な側面がこの国にはあります。

日本でカイシャを経営するには、そういった日本的風土の理解に加えて、「普遍的な人間の難しさ」が加わってきます。東大の入試問題でも司法試験でも、正解があって、ちょっと勉強のできる人には答えは出るんです。でも、経営においてトップが決断する重大な問題というのは、10人の会社だろうが10万人の会社だろうが、そう簡単に割り切れない問題です。理屈の上ではきれいに割り切れても、人間が介在する以上、越えられない難しい問題が残ってきます。

森山　冨山さんがよくおっしゃる「情理」ですね。つまり、合理と情理の二刀流が大切なのでしょう。海図なき時代には、まず問題は何かというところから考えなければいけません。そもそも問題とおぼしき事柄の多くは問題ではありません。それは「現象」にすぎず、多数の現象の裏にひっそりと息を潜めて隠れている「問題」を把握し、その解を探しだす力、これが大切なのでしょう。正にカイシャ経営は、その繰り返しなのでしょうね。

冨山　おっしゃるとおりです。その繰り返しの中で「観」を確立していくのです。さて、そろそろ時間ですので、英語の話に戻ると、これからの日本では、経営陣をはじめ幹部エリート層は、英語を自由自在に使いこなせなければいけません。実際、今日ぐらい外国語を学ぶインフラが整っている時代はないんです。ほとんどインフラがなかった江戸時代でさえ、インテリ層は誰もが中国語ができました。電話がなかったので読み書きが中心でしたが、漢文と論語の知識はエリートの証《あかし》だったんです。その時代と比べれば、英語を習得することなど、苦労には値しないでしょう。逆にその程度ができなければ、日本の凋落《ちょうらく》はさらに進んでいくでしょう。

森山 ええ、そうならないためにも、多極化のうねりの中でもう一度真剣に「異文化から真似《まな》ぶ」必要があります。大切なことは、完璧主義で考えないことです。完璧な国も、完璧な人種も、そして完璧な人間もいないのですから。そう考えてみると、日本のよい面が見えてきます。自分のよい面が見えてきます。そこから、日本の、そして日本人の自己変革の第一歩は始まっていくのではないでしょうか。これから「世界第二の経済大国」という慣れ親しんだ名刺を失い、中国、（ロシアを含めた）拡大欧州、米国、インドといった複数の超大国の狭間で、正反合を重ねながら、自分たちの立ち位置を模索せざるをえない日本。そうした海図なき時代の中で、読者の方々が今後どう生きていくべきか、今日の冨山さんのインタビューにはそのヒントがたくさん詰まっていると思います。お忙しい中、4時間近くもお付き合いいただき、心よりお礼申し上げます。

冨山 どういたしまして。僕も森山さんと同じ思いです。これから5～10年の間に日本はどちらかの方向に大きく変わるでしょう。そういう変革の時代だからこそ、僕はガチンコ勝負に鍛えられた「新しい日本人」に期待しています。そして、これからもブレずに発信し続けながら、経営共創基盤という会社を通して、ガチンコ勝負のできる土俵を少しでも増やすべく、努力を重ねていきたいと思っています。良い本になることを祈念します。

識者の視点

達人　水野誠一《みずのせいいち》
（ＩＭＡ代表取締役社長、元西武百貨店代表取締役社長、元慶應義塾大学特別招聘教授、元参議院議員）

「文化の縦糸と文明の横糸」

森山　今回お話を伺いたいと思ったのは、もちろん水野先生は英語も達者なのですが、何よりもまず、先生の日本語が非常に洗練されているからです。ちょっと大袈裟に聞こえてしまうかもしれませんが、日本の雅楽を彷彿とさせる美しい旋律で、先生の日本語を聞いていると、私は英国時代のある上司を思い出します。その人の英語は、いわゆるアッパークラスアクセントなのですが、アクセントだけでなく、使う比喩表現などが非常に洗練されていて、聞いているだけで気分がよくなるのです。さて、先生は、以前西武百貨店を率いていらっしゃいました。仮に今も社長を続けられていたとすると、社内公用語として英語の導入を検討しますか？

水野　マーケットの実態により、英語化すべき業界とそうでない業界があるでしょう。言うまでもなく、百貨店は基本的に国内市場フォーカスですから、現時点で全社員に導入する意味は見いだせません。ただ、将来外国人観光客等が著しく増えた場合には、一定数の接客担当者に外国語能力を磨いてもらう必要が出てくるでしょう。但し、その場合は、英語に加え世界で浸透率の高い中国語（マンダリン〔標準中国語〕）も必要になるかもしれませんね。

森山　確かに、国内小売業をはじめとした内需依存型産業は、移民を大量に受け入れた場合、英語だけでは不十分かもしれませんね。ところで、ユニクロや楽天の英語化をどのようにお考えでしょうか？

水野　危機感の現れでしょうね。最近では小学校から英語を学ぶようで、合計で10年間以上も学ぶわけです。それでも、しゃべれるようにならない。だから、それくらいの条件を課さないと全社員に危機感をもって速習してもらうのは難しいということでしょう。オーナー経営者だから、そういう決断ができたという側面もあるのかもしれませんが。

森山　「危機感」には、他の側面もありますよね。

水野　ええ、これから外国人留学生たちも日本人と全く平等に英語で採用試験を受けられる土壌ができると、日本人学生にとっては大きな脅威となるでしょう。そういう危機意識を今から持って欲しいですね。そのためには、英語のみならず、隣の超大国中国の重要性を鑑みて、幹部候補生は中国語を学ぶ必要もでてくるでしょう。

森山　確かに、トライリンガルで専門知識があれば、競争優位性は保てるでしょう。もっとも、中国人や韓国人留学生は、たいてい母国語に加え日本語と英語ができるでしょうから、すでにトライリンガルなのですが。

水野　ええ、だからこそ語学の習得を目的にしてはいけません。言語は手段・ツールにすぎないわけですから。我々にとっては外国語ですから流暢でなくても、文法が完璧でなくても、洒落た表現を使えなくたっていいのです。大切なのは、主張の中身であって、中身を磨いていくことが大切です。誰にも負けない中身さえあれば、必要な専門用語を英語化することだけで、十分に相手を唸らせることができるはずです。

森山　おっしゃるとおり、大切なのは「語るべき自分」「人間力」があるかですよね。至極当たり前のことなのですが、なぜか日本の英語学習者の人たちは、「英語＝コミュニケーションの道具」という本質をきれいさっぱり忘れてしまうことが少なくないようです。例えば、ＴＯＥＩＣの点数を上げるために手っ取り早い試験テクニックだけを覚えることに没入したり、「すぐにペラペラになります」という出鱈目《でたらめ》を謳《うた》い文句にした語学学校に通ったり。結局、近道なんてないのです。ただ当たり前のことを、愚直にやり続けるしか外国語を上達させる道はありません。「当たり前のこと」とは、すなわち、相手に自分の主張を理解させるためなら、何をしてもいい、とも言えます。言葉だけに頼る必要なんて全くなく、絵であろうが、数字やグラフであろうが、使えるものは全て使って、自分の主張を相手にわかってもらう。そういう攻めの姿勢が大切ではないでしょうか。

水野　森山さんのおっしゃる「語るべき自分」って、特に日本では大切です。なぜかと言うと、組織社会にどっぷり漬かったサラリーマンの場合、失言を恐れるあまり、自分の主張を明確に発信せずに偉くなっていくケースが少なくないからです。

森山　なるほど、確かに日本の政治家を見ていても、力強いメッセージを伝えられる人はそれほど多くありませんよね。その点、英米人のリーダーは非常に長《た》けていて、テレビで公開討論など見ていると相当鍛えられているのがよくわかります。総論レベルで日本人政治家と比較すると、完全に黒帯と白帯です。当たり前ですが、自分のコトバで自分の信念を語れないと有権者を説得できませんし、政治家は要するにコトバのプロですから、猛者《もさ》同士の討論で長年にわたって鍛えられるのでしょう。英米などの海洋民族社会だけではありません。ロシアのように農耕民族社会であっても、例えばプーチン首相やメドヴェージェフ大統領は、それこそ4時間もぶっ通しで、原稿なしでスピーチをしたり、矢継ぎ早に繰り出される質問に明快に答えていきます。こういう人たちの対話を聞いていると、それこそ格闘技にも似た感覚を覚えることがあります。実に骨太です。

水野　日本であっても、政財界のリーダーの中には、「語るべき自分」をもつ人は少なくないのですが、要するに内弁慶なのでしょうね。島国根性といってもいいでしょう。知らない相手、とりわけ外国人に自分の主張を伝えたり、議論することが苦手なんです。それに加えて、黙っておいたほうが得する局面が日本社会では多いことも事実でしょう。

森山　同感です。私は「議論のＤＮＡ vs 沈黙のＤＮＡ」(29頁参照)なんて呼んでいます。事前にお配りしたペーパーでも触れましたが、大正末期に東北帝国大学で哲学を教えていたドイツ人講師のオイゲン・ヘリゲルは、弓を習っていました。当初、矛盾に満ちた弓道名人の説明や非合理的な教授法に疑問を持ったようですが、多くの葛藤を乗り越え、道を極めていきました。そのヘリゲルが、情緒的な日本人のコミュニケーション方法について、次のように示唆に富む指摘をしています。

「日本人にとって言葉はただ意味に至る道を示すだけで、意味そのものは、いわば行間にひそんでいて、一度ではっきり理解されるようには、決して語られも考えられもせず、結局はただ経験し

たことのある人間によって経験されうるだけである」(『日本の弓術』オイゲン・ヘリゲル)

水野 要するに、「言葉よりも大切なものがある。言葉で伝えられることには限界がある」という思いが強いのでしょう。阿吽《あうん》の呼吸のような。それが言語軽視につながっているのかもしれません。

森山 おっしゃるとおりです。一方で、欧米人は教育と宗教を通じて「言葉とは人間を動物から区別する高等な能力である。言葉で表現できないものはない」という認識を幼い頃から絶えず意識して育ちます。そして、大人になってからも、そうした感覚を潜在意識レベルで持ち続けます。ヘリゲルも「日本人は、自分の語ることをヨーロッパ人としては、すべて言葉を手がかりに理解するほか道がないことに、少しも気づいていない」と言っていますが、良し悪しは別として、ものごとをとらえる「目」が本質的に違うのでしょう。外国語学習者は、こういう違いをまずは頭に叩き込んでおく必要があるのではないでしょうか。

水野 確かに聖書にも「はじめにコトバありき、コトバは神と共にありき、コトバは神なり」(In the beginning was the Word, and the Word was with God, and the Word was God.) という言葉があります。ここで言う「コトバ」(Word) は原文ではLogos (ロゴス) で、「言語」「理性」「理由付け」「論理」といった意味です。この一文には、欧米人がいかに言葉という存在を畏怖し、「言葉の力」を大切に考えているかが凝縮されていると思います。

森山　同感です。正にギリシャ人やローマ人たちが、概念や物事を緻密に定義することに徹底的にこだわった理由もそこにあるのでしょう。そして、この「うねり」の中で生まれていったのが、哲学や論理学あるいは科学です。（注）厳密には、これらはヘブライズム〈聖書文化と弁証法〉とヘレニズム〈ロゴスの伝統〉の二つの文化が合流してできたといえる。

他方、この「うねり」の支流として、物事を相対化して捉える手法が発展していきました。それが弁証法です。この考え方の源流にも、神と人間を相対化して捉えるキリスト教の伝統があったと考えられます。弁証法は、周知のようにプラトンに端を発し、その後ドイツなどで花開いていきました（ヘーゲル等）。弁証法的視点は、英米のディベート教育に色濃く反映されていると思われます。物事を「正」と「反」で相対化し、それを一段上の視点に止揚する（「合」）ことです。特に、米国ではpros and cons（賛成と反対）と分けて論じるディベート手法が教育にも導入されており、例えば大統領選でも用いられるほど現代における弁論術として浸透しています。

水野　アメリカもそうですが、イギリスも公開討論で舌鋒鋭い政治家たちが議論を戦わせますよね。

森山　ええ、イギリスは2010年に初めて首相候補者のテレビ討論会をやりましたが、デイビッド・キャメロンなども間違いなく「コトバのプロ」でしょう。日本の場合、「誰を偉くしたら、誰も文句を言わないか」という伝統的なリーダー選出基準があります。その裏には、変革を好まない心性、つまり「こいつをリーダーにしたら、何が起きるかわからん。大きな変化を起こすかもしれないし、そうしたら自分にも影響がありそうだ、それは困る」というタイプは、どんなに優秀であろうが黙殺してしまうムラの内在的論理があるのではないでしょうか。これを日本では「人望がない」の一言で片付けてしまいます。そういう物差しで選ばれたリーダーは、ムラのしきたりの守護神として、空気を読むことはプロ中のプロなのでしょうが、自分のコトバで自分の信念なり夢を語るのは苦手なのかもしれません。

水野　ええ、確かに日本では「偉い人の話はわかりにくい」（わかりにくくてもいい）という「常識」がありますす。日本語でもこの状況ですから、英語になると惨憺たる状況です。日本人は英語を勉強するのですが、しゃべれません。先ほど「失言を恐れる」といいましたが、ある種の「しゃべることへの恐怖」があるのかもしれません。特に、語学に対して劣等感を自覚している人ほどしゃべれないのです。ただ、下手であっても話そうと努力する姿勢が大切です。何が何でもしゃべらない人には、絶対にドアは開かないのです。語学が下手なことは罪ではありません。しかし、一言もしゃべらないことは、特に政財界のリーダーにとっては罪だということを自覚すべきでしょう。

森山　同感です。ところで、水野先生は慶應で何を教えていらっしゃったのでしょうか。

水野　藤沢キャンパスで「ソーシャル・マーケティング」という講座を担当していました。１９９４年頃です。学生に「第一と第二外国語は何を取っているのか？」と聞くと、英語を取っている学生はほとんどいませんでした。ちょっと吃驚《びっくり》したので何人かに理由を尋ねたら、「インターネットをやっていれば、それが英語の勉強になるので、授業を受ける必要がない」というのです。

森山　つまり、「何かを知りたい」という好奇心があれば、それを知るために必死で英文の資料も読むので、英語の勉強はその好奇心を満たすプロセスの中で自然にできるようになる、という主張ですね。

水野　そうです。正に、「語学は目的ではなく手段」という点を実践躬行《きゅうこう》していたわけです。「こういう連中もでてきたんだな」と、妙に清々《すがすが》しい気分になったことを今でも鮮明に覚えています。当時は、今ほどインターネットのインフラが整備されていませんから、ネット環境の整った大学のコンピューター室に寝袋をもって泊まりこんで勉強している熱心な学生もいました。私が授業でコトラー理論の話をすると、「先生、ネットでフィリップ・コトラーへの反論を唱えている論文を見つけました」なんて言ってくる学生もいて、こっちも気合が入ったものです（笑）。

森山　確かに、インターネットは「知」の世界を、教師など一部の人たちの占有資産から一気に普遍化させたので、先生のような方には面白いのでしょうが、学び続ける気のない教員にとっては脅威ですよね。知識はすぐに陳腐化してしまうし、誰でもネットで調べられるから、教師に事実上の先取権があった過去の時代とは明らかに違います。だからこそ、知識よりも「知恵」を教えないと誰もついてこなくなってしまうのでしょう。

水野　同感です。日本人は知識はたくさんもっています。織物に譬《たと》えれば、質の良い糸はたくさんもっているんです。だけど、それを使ってどう考えるかというトレーニングをしてきていない。覚えることばかりで、編集力がないんです。だから、知識の縦糸と横糸を組み合わせて、「知恵」という名のタペストリーをうまく織りあげることができません。

英語でいえば、単語もたくさん知っているし、文法も細かいところまでよく勉強している。だけど、それを応用して、自分の専門分野で思考したり、発信していく力が弱いのです。いわば、縦糸（単語・文法等）と横糸（専門分野・語るべき自分）が、こんがらがってしまうのでしょう。

森山 なるほど。ところでそういう日本人の知識欲というのはどこから来ているのでしょうか。「日本が日本を褒めたなら」（http://ow.ly/3daiY）というエッセイを以前書いたのですが、その中で、世界主要国と比べて日本で著しく数の多いものを３つ挙げています。

(1) 本屋の数
(2) スタミナ・ドリンクを飲むサラリーマンとＯＬの数
(3) テレビのグルメ番組の数

最後の２つは日本人のストレス・レベルを象徴する、本質的にはネガティブな現象ですが、(1)は違います。私は70か国以上訪れたことがあるのですが、世界で日本ほどたくさんの本屋がある国は存在しません。もちろん、書籍流通制度が諸外国と異なる点も一因といえますが、それを割り引いたとしても、紀伊國屋書店のような巨大書店が林立する国はほとんど存在しません。本屋に入ると、どこも昼間からたくさんの立ち読み客でごったがえしていますし、ビジネス関連の本ももの凄い数あります。しかも、活字離れとはいえ、諸外国と比べると、売れています。こうした事実は何を物語っているのでしょうか。

水野　明治維新以降の「知識コンプレックス」が原因でしょう。西洋文明に対するコンプレックスと知識に対する飢餓感がベースにあるのでしょう。これが断片的知識の詰め込み重視教育につながっていったのではないでしょうか。歴史の年号にしてもたくさん覚えさせるのですが、例えば鎌倉幕府が生まれた1192年という年号を覚えていても、その年を境に日本がどう変わったのか、という点をじっくり考えてみた人がどれだけいるでしょうか。算数や数学も同じでしょう。知識としては詰め込まれていても実生活で応用できない。もちろん、理系の人の中には、ノーベル賞受賞者のように、もの凄い発想力、独創性をもった人がいますが、総論レベルでは、残念ながら思考力や創造力の訓練が足りていないように思われます。

森山　そのような問題意識をお持ちの先生は、どのように学生たちを指導されたのでしょうか？

水野　当時も今も、マーケティングは学問として確立されていないような気がします。つまり「理論的な知識の学問」になっていなかったんです。いわば「実学的な知恵の学問」であり、自分たちで問題（仮説）を設定して、問題解決方法を考えていく必要があったわけです。だから、私は「自分の理論を考え出せ」と学生たちに言っていました。仮説を立てて、いかにそれを証明できるかを考え続ける、そういう教育です。

森山　さきほど先生がおっしゃったように、日本人はそういう「無から有を生み出す」ことは苦手ですよね。訓練も受けていませんし。なかなか難しかったのではないでしょうか。

水野　ええ、簡単ではありませんでした。しかし、10％程度は面白い学生が出てくるものです。そういう連中からは刺激をもらえて面白かったですよ。

森山　水野先生のお話を伺っていると「面白い」という形容詞がよく出てきますが、その背景には何があるのでしょうか。もちろん、先生の飽くなき好奇心、そして何より「人間に対する興味」というのがあるのでしょうが。

水野　死生観かもしれませんね。人生は短いので、ムダにしたくないんです。「人生を充実させるには、何にフォーカスすべきなのか」ということを、若い頃からよく考えてきました。私は西武に結局25年間いたのですが、会社に入って一年ぐらいで退屈してきて、また留学でもしようかな、なんて思っていたのです。ところが、一見するとつまらない仕事でも工夫すると面白くなることに気づいた。「こんなにも面白いテーマだったのか。ものは考えようだ」と自分でも吃驚《びっくり》するぐらいでした。そうやっているうちに、また一年、また一年と延びていき、気づいたら25年もいたんですね。

好奇心って普遍的なものですから、今の若い人にも必ずあるはずです。大切なのは、自ら「モチベーションをクリエイトする」という視点です。これは誰のためでもなく、自分のためです。私の場合、短い人生の中で一瞬たりとも退屈したくない、ムダにしたくない、という気持ちが自分の中に強くありました。とにかく問題意識をもって、自分にとって面白いテーマを設定して、歩み続けることが大切なのです。

森山　共感します。私も「列車と車」というエッセイ（228頁参照）に書いた通り、駆け出しのときに感じた「自己責任と自助努力はキーワード」というのは今でも正しいと思っています。

水野　自己責任と自助努力は大切です。そして熱意です。「今の日本人にはハングリー精神がない」という人がいます。私もそう思います。しかし、時代は逆行できません。例えば、私が子供の頃は、おもちゃひとつにしても、壊れたら自分で修理して、いろいろなことを考えながら、工夫を重ねて遊んだものです。コンピューターゲームの時代に育った人には想像できないでしょうが。

森山　私も先生の時代とは違いますが、ゲームなどなく、缶蹴りや泥刑《どろけい》（一種の鬼ごっこ）など、いつも外で遊んでいました。ルールについても、いろいろ弾力的に変えながら遊びというのは進化していきます。子供は本来そうやって五感を鍛えながら、創造性を伸ばしていくものなのでしょうね。

水野　そうです。ところが今は、携帯ばかりで人とのコミュニケーションは苦手、ゲームをやるので外遊びはしない、海外旅行なんて面倒くさい、そういう人が増えているようです。要するに、狭い生活圏内で全て自己完結してしまう人が少なくない。私たちの頃は、学生なら「車が欲しい」「海外に行きたい」といった夢を誰もがもっていたのですが、今はそういう欲望もない。草食化といわれているようですが、なんとも情けないかぎりです。これも一種の平和ボケなのでしょうか。

森山　私はこれを「精神的鎖国状態」などと呼んでいますが、どうしたらこの状況を打破できるのでしょうか？　「手段としての英語」を学んで外国を見ることで、日本を相対化できるようになるはずなのですが。

水野　ここまで深刻な状況になってしまった今、打破するには「危機感」を持ってもらうしかないでしょう。尖閣諸島問題にせよ、ロシア大統領の国後島《くなしり》への訪問にせよ、そういうことが起きることで、少しでも平和ボケから目覚めて、正気に戻ってもらわないといけません。その意味で「外圧」と「カオス（混沌）」は重要なキーワードでしょう。カオスの後に「海外の人たちと意見交換してみたい」という気持ちが若い人たちの中にも芽生えるかもしれません。アキバ系とかに代表されるサブカルチャーは、結局、自分たちの狭い世界の中の小さな幸せで満足してしまう世界です。それで小さくまとまってしまってはダメなのです。それを打ち破るには、もはや外圧やカオスしかないのかもしれません。

森山　その意味で、移民の人たちに寛容になることも大切ではないでしょうか。インドネシアの看護師の受け入れの問題では、結局、既得権を持つ人たちの抵抗に屈して、国家試験合格を彼らに課したようですが、日本語ができないとお話しにならない、というのはわかるのですが、日本人向けの国家試験を課す必要があるのかは疑問です。大家族で育つ人が多い東南アジアの若者たちは、おそらく核家族で老人との接し方を一切知らない日本人の若者よりも、よほど老人患者に優しい接し方ができるはずです。

水野　同感です。いずれにせよ、カオスを意図的に作るのは大切でしょう。その結果、必ず何らかの「気づき」があるからです。ユニクロや楽天のような英語化を進めていけば、外国人が先に昇進していくことも当たり前に起きるでしょう。これまで「ナショナル・スタッフ」「現地スタッフ」などと小馬鹿にしてきたのに、立場が逆転することもあり得るわけです。しかし、それによって、今まで見えなかったものが見えるようになるはずです。ハングリー精神も芽生えてくるかもしれません。

森山　私も「統制された混沌状態」(controlled chaos) というコトバが好きです。意図的に混沌状態を作ることで、創造性はより力強く発揮され、新しい方向性が見えてきます。水は、澱《よど》んでしまうと腐っていくのです。もちろん、コントロールという言葉も重要で、トップがきちんと統制していくことが大前提なのですが、同時にかき混ぜていくことも欠かせません。

水野　これからの時代には「絶対安泰な国」なんてどこにも存在しません。アメリカしかり、欧州しかり、中国しかりです。そもそも真のグローバル化の時代を誰も経験していないのですから、どうなるのかを誰ひとり確信をもって語ることはできません。日本人というのはこれまで「自惚《うぬぼ》れ」と「自虐」の間を常に揺れ動いて進んできました。「ジャパン・アズ・ナンバーワン」の時代には自惚れて尊大になり、バブル崩壊後は、一転して自虐性向丸出しになりました。しかし、日本も成熟期に入り、新しい日本的文化を造り出して、世界に向けて発信しなければならない時代を迎えているのではないでしょうか。

森山　確かに、新しいメッセージを諸外国に出して存在感を示していかないと忘れ去られてしまうかもしれません。ジャパン・パッシング（日本外《はず》し）などと他人事のように言っていられなくなるかもしれません。さて、先ほどタペストリー（織物）を使った洒脱な比喩をお聞かせいただきましたが、文化についても応用できる概念ではないでしょうか。

水野 おっしゃるとおりです。この図を見ていただきたいのですが、知識には「縦糸」（日本古来の文化的な知識）と「横糸」（世界共通の文明的な知識）がある、というのが私の主張です。縦糸は文化として脈々と伝承されていきますが、文明の横糸はどんどん変化・進化していきます。文明は世界共通性と普遍性を持っていますが、文化は地域間、国家間の差異を形成するものです。

夏のヒートアイランド問題で言えば、解決には日本の伝統文化である、打ち水、簾《すだれ》、風鈴などを利用する「縦糸」や、熱交換方式のクーラーではなく、ミストを出す冷房などの新技術を利用する「横糸」を組み合わせて、答えを見つけることが「知恵の織物」なのです。

加速度的に矛盾が増えていく世界だからこそ、文明的な

文化的知識と文明的知識が織られて知恵になる

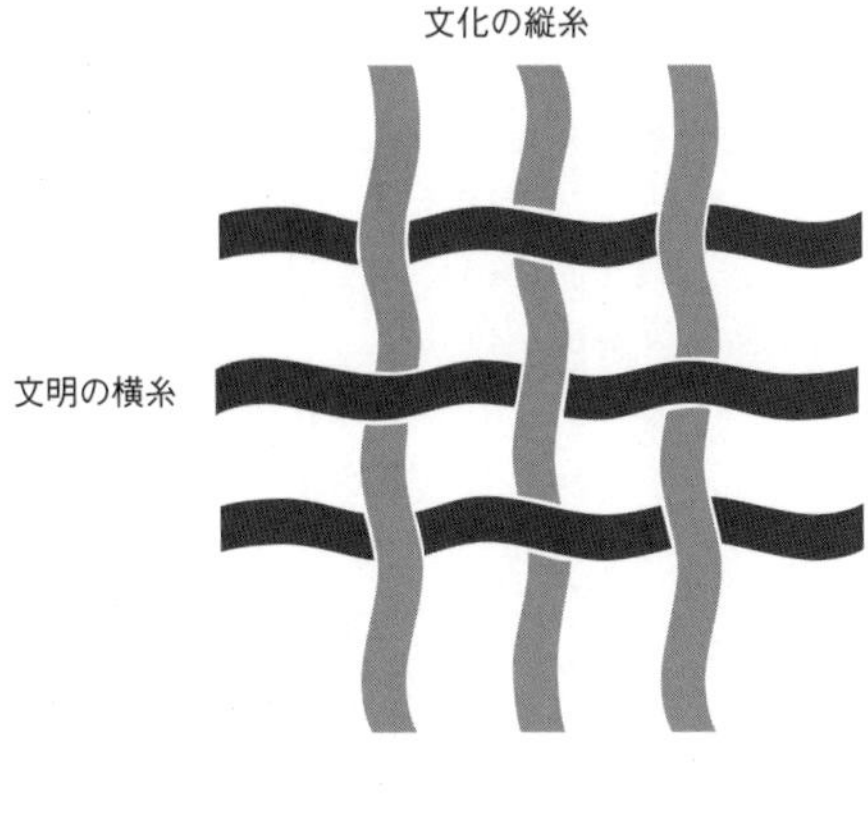

ある意味で力づくのソリューションでは対処できない局面が今後どんどん増えていくでしょう。だからこそ、日本の伝統文化が解決策のヒントになり得るわけです。日本の出番なのです。例えば、「もったいない」や「おもてなし」という我々にとっては父祖伝来の伝統表現が世界標準語になりつつあります。こういう概念を「日本の文化力」の源泉として、いかに若い世代が引き継いで、新たなレベルまで昇華させることができるか否か、それが日本の将来を決めていくのでしょう。

森山　実は昨日、冨山和彦氏と日本的「共同体」の持つ生き物のような側面の話（136頁参照）をしてきたのですが、先生のお話を今伺っていて、「共同体」に関してもう一つ「気づき」がありました。先生のおっしゃっているのは「日本的共同体」をもっと昇華させた「地球人共同体」の視座でしょう。そして、その観点から日本はリーダーシップを取れる底力があるということですね。西洋でもジョン・ダンという16世紀から17世紀にかけて活躍したイギリスの詩人が次のようなことを言っています。

（注）この時代の英語は、現代英語とはだいぶ異なるが、原文のまま引用する。

All mankind is of one author, and is one volume; when one man dies, one chapter is not torn out of the book, but translated into a better language; and every chapter must be so translated... As therefore the bell that rings to a sermon, calls not upon the preacher only, but upon the congregation to come: so this bell calls us all: but how much more me, who am brought so near the door by this sickness... No man is an island, entire of itself... any man's death diminishes me, because I am involved in mankind; and therefore never send to know for whom the bell tolls; it tolls for thee.

この中にでてくるfor whom the bell tolls「誰《た》が為に鐘はなる」というのは、ヘミングウェイの有名な小説のタイトルとしても引用されているのですが、このベルは「弔鐘《ちょうしょう》」のことです。一説によると、男性が亡くなったときは9回、女性のときは7回、子供の場合は5回、鐘を鳴らしたそうです。「地球の住人である人類」「人類という何千年にわたる数珠《じゅず》つなぎの運命共同体」のために、一人ひとり何ができるか、ということを真剣に考える義務がある点を、この詩人は伝えようとしているのでしょう。例えば、見知らぬ人が環境ホルモンの影響で死のうが「俺には関係ない」と分別ゴミの仕分けもしない人や、「俺には子供がいないから、教育なんて興味ない」などと、のたまう人ばかりの国の未来はあまり明るくないでしょう。人様の目、察する、阿吽《あうん》の呼吸、惻隠《そくいん》の情など、日本人はそもそも、共同体で生きるプロであり、他人ばかりでなく、いわば人間の大家さんである自然に対しても気遣いができる民族です。伝家の宝刀「自虐性」をもちだして、あえて悪く解釈する必要などないのです。それは、正に日本人の伝統的な強みであり、誇るべき固有の文化なのですから。グローバル化の時代だからこそ、「根っこをもつこと」つまり「立つ場所をもつこと」の重要性を再評価すべきではないでしょうか。

水野　同感です。大切なことは、視座を一段上げることです。日本だけ見ていないで、世界、否、地球レベルまで上げてみるのです。それができれば、日本は「文化的勝者」になれるはずです。日本が「モッタイナイ」の精神を生かして、その文化的および文明的背景を活かせるのが、環境技術、新エネルギー技術、精神技能などの分野でしょう。これからの国際社会では、「一人勝ち」のモデルは、サステイナビリティー（持続可能性）を持ち得ないのです。私がよく言う「分けるが勝ち（価値）」、つまりシェアバリューの経済モデルが、世界戦略を成功させるはずです。誰が、あるいはどの企業が、あるいはどの国がイニシアティブを取れるかが勝負であり、日本は非常に良いポジションにいます。脱工業化社会では、文明的に強いだけでは勝者になれません。「文化的」にも優れた者が勝つ時代になります。こうした「文明思考」から「文化思考」へのパラダイムシフトによって、経営の仕方、サービスの在り方、商品開発の在り方など、全てが大きく変わっていくのです。

森山　水野先生のおっしゃる「文化力」というコンセプトにとても共感します。岡倉天心が言ったように「我々の歴史の中に、我々の新生の泉がある」はずです。一人ひとりが「豊かさとは何か?」を徹底的に考えなくてはならない時代を迎えているのでしょう。私も「ヨーロッパで学んだいちばん大切なこと」というテーマのエッセイ（『人生を豊かにする英語の名言』）の中で「自然のなかの人間」という視点の重要性について触れています。日本人は、花鳥風月というように、古来から自然と共に生きてきましたが、現代人はそれを完全に忘れてしまっています。手遅れになる前に、一人でも多くの人が自然の重要性、地球共同体の維持の重要性に気づいて欲しいと思います。それでは、時間も押してきましたので、最後に、英語学習者に一言お願いできますでしょうか。

水野 私はかつてイギリスに留学していたことがあります。会話力に自信が出てきた頃、英国人の学生に「大乗仏教と小乗仏教の違い」について質問されたことがありました。言葉に詰まってしまって、あまりにも日本の文化や宗教のことを知らない自分に恥じ入ったことがあります。結局、大切なのは英語力以前の問題なのです。外国語って、文法的なフレームよりも、当たり前なのですが、話の内容が何よりも大事なのです。趣味でも学問でも内容を表現するための単語さえ知っていれば、それを繋げるだけで、ある程度相手に伝えることができます。いくら巻き舌を使って上手そうに話しても、内容のない会話こそがいちばん虚しいのではないでしょうか。

今日会ったリトアニア人のアーティストは、かつて京都で染織作家のところに弟子入りしていたというのですが、突然たどたどしい日本語で「絞り染め勉強しました」と言い出しました。たったそれだけですが、瞬間的に好感が持てたんです。言葉って、案外そんなものかもしれません。それから、さっきの織物の話の外国語学習への応用ですが、日本独特の学習法や表現法を見つけて、言語という名の「文化と文明の織物」をつくっていく発想も大切ではないでしょうか。日本の文化を英語で表現することは、とても難しいのですから。

森山 同感です。私自身もそうでしたが、自分の国を知り、外国を知ると、自分の国を相対化して見られるようになります。例えば、先ほどの本屋の話にしても、確かに先生のおっしゃるように編集力や思考力の問題はありますが、「総論」レベルで、これほど知識欲を持った国民がいる国は他に世界に存在しないのです。日本人は、その凄さに気づいていません。日本においては「当たり前」であり、他と比較できないから見えないのです。しかし、外国の状況を知ることで、それが肌感覚でわかるようになります。そしてそれが自信につながっていくのです。「知ることは、変わること」、私はこの言葉が好きです。

今日はお忙しい中、ありがとうございました。

水野 こちらこそ。インターネットは、英語のポジショニングを著しく強めました。日本語だけで取れる情報量と英語を使った情報量では、天地の差があります。いずれにせよ、ヤル気のある人にとっては、いくらでも英語とインターネットというツールを使って勉強できる時代になったのです。私が学生だった時代と比べると、英語に触れる機会がこれだけ増えているのですから、勉強しないほうが不思議でなりません。中国のように英検テストでカンニングしてでも高い点を取るというのでは意味がありませんが、もう少し気合をいれて取り組んで欲しいものです。

異文化コミュニケーションの達人との対話…⑥

識者の視点

達人 川井拓良《かわいたくら》

（英国弁護士、CMS法律事務所中東欧パートナー、ワルシャワ在住）

「英語化が引き起こすドミノ倒しと金太郎飴」

森山 我々はちょっと年は離れているけど、いつだったか私のほうから「敬語はもういいよ」って言って、垣根をとっぱらっちゃったんだよね。あの頃から、急速に仲良くなった気がします。英語で話しても日本語で話しても同じだし、お互いにアングロサクソン系の会社にいる「和僑《わきょう》」同士だから、もはや共同体のしきたりにこだわる必要はないでしょう。

川井 そうそう。スティーブ（＝森山）はリベラルだよね。スティーブと同年齢の日本の人に、こんなタメ語で話したら、相当嫌がられるだろうね（笑）。

森山 私も怒るよ、こらあ（笑）。ところで、十年ほど前に会った経営者で変わった人がいてね。社員に

英米風のニックネームをつけさせて「社内の風通しをよくし、英語化を進める」というので吃驚《びっくり》しました。要は「ジム、わるいけどそれ取って」「カレン、それはムリだよ」といった会話が日本企業の日本人社員の中で飛び交っていました。あの時は、「社員の多くが英語をろくに話せないのに、呼称だけ変えて何の意味があるんだ。いくら何でもやりすぎでは」と私は懐疑的だったけど、案外うまくいったのかもしれないよね。我々のコミュニケーション・スタイルもそれに近いかもしれません。

川井　「かぶれている」って陰口をたたかれそうだけどね。英語では丁寧語や婉曲語はあっても、日本語の敬語に相当するような厳格なルールがないから、英語的感覚で日本語を話しているようなものだよね。

森山　さて、君の経歴は「異文化の寄木細工」ってコトバがぴったりだけど、読者のためにかいつまんで説明しておきましょう。中学校卒業までは普通に日本で暮らしていた川井少年は、一念発起してニュージーランドに単身留学。現地の高校で2年半学んだ後、南アフリカに横移動し高校を卒業。その後、アフリカ大陸、東南アジア、ロシアなど世界各地を放浪。日本に戻る途中に立ち寄ったウランバートルに魅せられて、モンゴル国立大学に入って、しばらく学んだわけだよね。そういえば、一緒にモンゴルに行こうという計画は、いまだに実現してないね。君のいう馬乳酒とやらをパオの中で飲むと格別だそうだから、体験してみたいんだけどね。うちもウランバートル事務所を開設したので、そろそろ行かないと。

川井 来年の旧正月には久しぶりにモンゴルの友人のいる田舎へ行くけど、一緒に来る? モンゴルの冬は凍てつくような寒さだけど、夏の海が好きなスティーブは寒さに弱そうだなあ(笑)。話に戻るけど、モンゴルに行くまでは勉強は苦手でした。その後、英国の大学試験を受ける決心をしてから、猛勉強を始めました。モンゴルで英国の大学入試準備をしたんだけど、当時は停電が多かったから大変でした。ロウソクの灯りの下、朝まで勉強したのを今でも覚えています。その後、英国リーズ大学に入ってからも、ガリ勉生活を続行。英国で弁護士になる競争は相当厳しかったので、現地人より数倍勉強しなければ競争どころじゃなかったからね。司法試験合格後、奨学金をもらってベルギーのカトリック・ルーベン大学院(ロースクール)でEU法を学びました。そういえば、スティーブも年次は違うけど、ルーベン大学院出てるから先輩だね。それから、ロンドンのハーバート・スミス法律事務所で働いたんです。「純イギリス的なカルチャー」と言えばスティーブは何をいっているのかピンとくると思うけど、要するにWASP（アングロサクソン系の白人新教徒）で固まってて、なかなか有色人種は仲間に入れない。だから、仕事ばかりしてました。結局2年で辞めて、日本に戻る決心をしました。東京の野村證券のM&A部門に4か月だけお世話になったんです。日本人でありながら余りにも日本のことに無知な自分に気づいたからです。野村證券の人たちは、本当に良くしてくれて今でも連絡をとっているんだけど、とにかく東京という街が自分にも外国人の妻にも合わなくて、息苦しくなっちゃって。

森山 マオリ族の村やモンゴルのパオ生活と比べたら、自然がないから、東京は窒息するような街だろうね。偶然だけど、私はその野村證券本社の近くで生まれ育ってるから大丈夫だけど、北海道で幼少時代を過ごして、海外の自然の中で成長した君にはあの街は難しいだろうね。

川井 そうそう、合わない。環境もそうだけど、長年日本を離れていたせいか、日本の文化に疑問をもつことばかりで、浦島太郎状態だったな。それで呼吸困難に陥る前に、東欧への脱出に成功したんです（笑）。アレン・アンド・オーヴェリー法律事務所のプラハ・オフィスで4年間日系案件を主に担当して、ワルシャワの今の事務所に移ったんです。

森山 頭が混乱してきたので本題に移らせてもらうけど、随分いろんな街で学んだり、働いた経験から、日本企業の英語社内公用語化をどう思いますか?

川井 どうかな、あまり良い方向に向かっているとは思えません。まず、全社員が英語を学ぶ必要性が見えない。技術の人とか、英語なんてやっている暇があるんなら、専門知識を磨いたほうがいい。実際、日本の技術優位性をいつまで維持できるかわからない状況のなかで、やっぱり技術者には技術に集中してもらいたい。英語を社内公用語にすると、組織の効率性がかなり悪くなるんじゃないだろうか。極端なことをいえば、日本企業の競争力にも影響があると思う。必要な人だけが、必要なだけやればいいんじゃないのかな。

森山 このテーマについて、いろいろな人の話を聞いたけど、そういう意見の人もいるし、全員が同じ方向を向くべきだ、という人もいるね。

川井 いや、自分は全員で英語っていうのは、日本にとっていいとは思えないな。日本語をなくすことで、「日本らしさ」もなくなっちゃいそうだし。有名企業が英語を社内公用語にすることで、ドミノ倒しが起きるでしょう。大学もそういうカリキュラムを導入し、そういう大学に入るため高校、中学、塾と英語ばかりに染まっていき、日本の文化や日本語の美しさを大切に思う人がどんどん減っていくように思う。それから、日本人は異常なほど完全主義者だけど、世界共通語の英語は、英米人だけじゃなくて、いろんな民族が話している。いろんな訛りが飛び交う世界だから、完璧な英語じゃなくても心が通じ合えればそれで良いんです。だけど、自分の英語力が低く見られるのを嫌うのか、わからない時もうなずくばかりで、逐次内容を確認しない日本人が多い。コミュニケーションって、双方向じゃないと成立しないんです。理解できない自分も、わかりやすく説明できていない相手も、両方悪いんです。だから、わからなかったら、どんどん突っ込んで聞いていかないと仕事になりません。恥ずかしがっている場合じゃないんだ。日本人は、「言わなくてもわかるべきだ」「わからなければ相手が悪い」と考えがちです。以心伝心は当たり前。それを海外にも持ってっちゃうから、いろんな問題が起きちゃうんでしょう。

森山　確かに「言わなくてもわかっているはずだ」という気持ちを捨て去って、「世界には、言わないとわかってくれない人たちがいる。そういう異質な人たちとつき合っているのだ」という気持ちをもって接していくしか道はないのでしょう。こういう心の余裕ができるまでは、いろいろな苦悩がありますが、それを乗り越えられればだいぶ楽になります。

川井　同感です。さて、自分と同じく、スティーブも出張だらけですが、お嬢さんは元気？

森山　ベルギーの英国人学校に通っているんだけど、先日、家内が娘から手紙をもらったというのです。

川井　手紙ですか？

森山　ええ、手紙です。その中に「私はなぜ日本語を学ばなければならないの？　なぜ友達が休んでいる土曜の朝に起きて日本語補習校に毎週行かなきゃならないの？　日本語なんて、お父さんとお母さんとしか使わないのに。私はベルギーで生まれているし、ヨーロッパにいるんだから、英語とフランス語以外にも、オランダ語やスペイン語を勉強したいの」と。それで家内が吃驚《びっくり》して「そうしたら、お母さんは英語もフランス語も得意じゃないし、あなたと話せなくなっちゃうじゃない」と。娘は「それならお父さんに通訳してもらえばいい」と応酬。「それじゃ直接話せなくて悲しいわ」という家内に「そういう意味で言っているんじゃないんだけど…」と口ごもって話は終わったそうです。

川井　小学生の少女がそういう疑問をもつことは素晴らしいじゃないですか。日本の小学生は、そんな風に考えないでしょう。ただ、これは自分も経験したのでわかるんだけど、とても難しい問題です。お嬢さんは、何かの壁に押し潰されそうになっているのかもしれません。まだ小さいからいいけど、うちも息子がいるから人ごとではないな。自分もイギリスから母に「英語も日本語もきちっと話せなくて辛い」って泣いて電話したことを今でも覚えてます。

森山　なるほど。確かにある種のidentity crisis（自己認識の危機）に苛まれているのかもしれません。「英国人学校は楽しいけど、日本人補習校は楽しくない」というロジックからなのか「日本人をやめたい」という驚きの発言さえ聞いたことがあるので（苦笑）。実は私は日本に住んでいた頃、日本特有の過剰な「帰国子女崇拝」について違和感をもっていたのですが、実際に自分が当事者になってみると、帰国子女に対する認識が少し変わりました。親の都合で本来さらされる必要のないストレスに幼少からさらされて、何度も何度も自分の中で矛盾を正反合《せいはんごう》し、壁を乗り越えてきた人たちが多いことに気づいたのです。言葉にしてもただ長く住んでいるだけでは完璧にはならないし、相当努力しないと無理だ、ということを理解していませんでした。その意味で、もちろん全員が全員ではないけれど、ストレス耐性や異文化間対話力など、正にグローバル社会における必要なスキルセットを彼らは幼少期に身につけているわけで、少々日本語がおかしくても、組織は彼らの良い面を同調圧力で潰してしまわずに、有効活用すべきだと感じています。

川井　自分の場合は、親の都合ではなく自分で選択したのですが、それでもいろいろな壁を前に心が折れそうになったことがたくさんあります。ただ、壁に押し潰されそうになりながらも、一つひとつ乗り越えてきたから今があるんだと感じています。それから、もう20年も海外で生活しているけど、どうにか日本語を失わずに良かったなと。たまに変な日本語も「こぼれます」が（笑）。

森山　そうそう、そこが重要なポイントだよね。欧州に長くいると「急速に深化する国際化のうねりの中で、根っこのない者がもっとも軽んじられる」という点と「伝統には、変えるべきものと守るべきものがある」という2つの点に気づかされます。和僑二世としてヨーロッパで生まれ育った娘の父親としては「変えてはならない根っこ」をしっかり残せるようサポートしたいと思っています。ただ、正直なところ、仕事にかまけて、日本語にせよ、英語にせよ、宿題さえあまり見ていません。放任主義の父親でいかんのですが、出張を減らして少しでも娘と対話しないとね。

川井　じゃあ、今から電話しよう（おもむろに携帯で私の自宅に電話し、娘と英語で話しはじめる）。Hi, it's Takura, your dad's friend. Steve wants to have a chat with you.

森山の娘　お父さん、今の人だれ？　今どこにいるの？

森山　前会ったでしょ、お父さんの友達だよ。ワルシャワにいるんだ。補習校の宿題やっているかい？

森山の娘　漢字やってるよ。難しいけど。早く帰ってきてよ。

森山　今日はもう飛行機がないから帰れないけど、素晴らしいね、その調子で頑張って（電話を切る）。

川井　どうやら「日本人をやめる」発言は気まぐれだったようだね。

森山　ひと安心したので、次の論点に移ろう。さて、我々のいるヨーロッパ、特に西欧社会について考えてみましょう。成熟社会の歪みという言葉で済ましてしまうと簡単なのですが、ベルギー人の私の家庭医にこの問題を聞いたところ、「この国には壊れた家族が多すぎる。メンタルヘルス系の薬を処方してという人が多すぎる。もっとも、フランスやイギリスはもっと多いようだけど」と言っていましたが、離婚率も著しく高く、そういう家庭で、何らかの心の傷を背負って育った、極めてストレス耐性の弱い人たちが社会人のマスと考えても、あながち間違っていないかもしれません。

川井　確かにそれはいえるでしょう。日本では最近、児童虐待等の問題が頻繁に報道されていますが、欧米では昔から由々しき問題として社会で認知されてきましたよね。あまりにも一般的で、よほど猟奇的でない限り、もはやニュースにもなりません。

森山　国も個人もそういった成熟社会の歪みには日本以上に気づいているし、異論はあるかもしれませんが、それなりの対策を打ってきているようです。そろそろ本題に結びつけていきますが、欧州のみならず米国も同じく歪みの多い成熟社会ですし、その意味で、英語を学ぶ日本人は、ストレスの多い環境で育った傷つきやすい、ストレス耐性の弱い人たちと対話しなければなりません。こういう人たちが、ビジネス界というストレスフルな環境下に置かれて、英語が母国語ではない我々とつきあうわけです。

よく異文化コミュニケーションの本を読んでいると、「対決」とか「勝負」というコトバがでてきます。これは日本人がそういう言葉が好きなだけなのかもしれませんが、そもそも異文化コミュニケーションには馴染まないコンセプトのような気がするんです。もちろん、「自分自身との勝負や対峙」であればいいのですが、大切なのはむしろ、相手の気分をいかに害さずに共感を得るか、という、ある意味で対決の対極にあるところに目的は集約されるような気がしています。これは自分自身長年にわたる英語を使ったビジネス経験の中で、自戒をこめてそう感じています。

川井　同感です。異文化コミュニケーションにおいては、相手の共感を得るという視点が不可欠です。ただ、日本人の中には、不当な扱いを受けた時にうまく言い返せず悔しい思いを経験した人も少なくないでしょうし、そういう悔しさをかみしめて仕事をされている初心者の人たちへの応援歌として、「勝負」とか「対決」という言葉がよくでてくるのかもしれません。

森山　そうでしょうね。ただし、私はそうした返し技は上級者に必要な心構えであって、「オトナの英語」を自由に使いこなせない初級者に関しては、まずは「相手の感情を不必要に逆《さか》なでしない」という技の習得に集中すべきだと思っています。日本人の人たちって、無意識のうちに、かなりぞんざいな言い方をしていることが多いんです。受験などでA＝B式に訳を記憶してしまっている点が問題なのでしょう。例えば、Pleaseという言葉のもつトーンは、日本語の「どうか○○してください」とは比べ物にならないほどストレートでぞんざいな響きがあります。はっきり言って、誤訳といってもいいくらいでしょう。書き換え問題ででてくるI want you to ... なんていうのはもっとひどい。こんなことを言うと一部の日本の方に「ガイジンはストレートにものを言う」とか「白黒はっきりさせるのがガイジン」などという「神話」を振り回されて揚げ足を取られてしまいそうですが。

川井　自分もかつて日本で「英語は日本語と違って、イエス・ノーをはっきり言う言語だ」という神話を耳にしました。実際、英米人、特にイギリス人は決してストレートに表現しないよね。

森山　そうそう。アメリカ人でも、社会的地位の高い人は、はっきり言いません。イギリス人と変わらないような、大人の変化球をがんがん投げてきます。いずれにせよ、何でもPleaseをつけて済まさずに、I would be grateful if you could ... など、多様な婉曲表現を使いこなせる人が大人とみなされます。

（注）オトナの英語については「コーヒーブレイク⑤」（206頁）をご参照ください。

川井　同感です。日本人は日本語で婉曲表現が得意なのだから、意識さえすればすぐにマスターできるでしょう。ただ、あまりそういうことに最初からこだわってしまうと、失敗への恐怖からダンマリになってしまうので、もちろん「不要に相手の神経を逆《さか》なでしない」という点は意識しながらも、完璧な英語じゃなくても心が通じ合えればいいんだ、と割り切ってどんどん話すことが大切です。失敗したっていいんです。後で「言えばよかった」などと後悔するより「当たってくだけろ」の精神が大切です。

森山　同感です。そうやっていろいろ失敗したり、時には嫌な経験をして、異文化コミュニケーション能力というのは上達していくものだよね。今日は遅くまでありがとう。

川井　No worries！（どういたしまして）

コーヒーブレイク④

「シンガポール英語と神話」

日本では「国際語である英語＝日本企業の第二公用語」という方程式の正当性を、シンガポール等の例を挙げて、一時期、真剣に論議していたが、最近また一部でそれが再燃しているようである。「英語＝国際語」という主張には賛成だが、比較対象についての前提条件の理解が不十分なまま、参考とすべき国を安易に決めてしまうのはいかがなものか。

シンガポールで英語が公用語である理由は、日本には該当しない三つの要因があるからである。一つは（旧英国）「植民地」、もう一つは「多民族国家」、そして最後に極端な「英米教育至上主義」（エリート主義）である。

まず、一つ目の要因は自明として、二つ目の多民族国家という点はシンガポールが英語を使わざるを得なかった理由に他ならない。そもそも、公用語は英語の他にマレー語、中国語、タミル語と4つもあるが、共通言語がないとお互いが意思疎通できない。また、大多数の国民にとっての母国語である福建語等の中国語方言（主として話し言葉）やマレー語等の語彙のみでは、深遠な知の世界を表現することは不可能だった点も、近代化の足枷《あしかせ》として政財界のトップたちの懸念事項だったのだろう。

三つ目の要因は、国をある意味で分断してしまっている。国家権力者や産業界のリーダーは皆英米のエリート大学院で学んでおり、それが権力者になるための最低条件とされている。一方、英語とはいってもかなり崩れた混成語しか話せない人が国民の大多数を占める。完全な二極化構造がある。この混成言語を英米人たちはシングリッシュ（Singlish）と揶揄《やゆ》する。例えば、単語の最後に何でもlah（ラー）という無意味な接尾語をつけたり、マレー語や福建語の単語を会話に頻繁に織り交ぜるので、英米人でもシンガポール人同士で交わされる会話を完全に理解することは困難なようだ。

私のシンガポール人の知人は、きつい訛りの英語を話すが、英語しか話すことができない。なぜなら、父親と母親の中国語方言が異なったため（中国には百以上の方言があり、日本の方言と違って、外国語並に異なる方言も少なくないようだ）、中国語では夫婦間の会話が成立しなかった。そこで、拙《つたな》い英語で会話し、その子供の彼もそういう環境で育った。だから英語が彼の第一言語であり、それ以外には中国語方言もマレー語も話せない。英語だけが彼の言語である。しかしながら、一緒に米国の大学院で学んでいた頃、「どうもアメリカ人の英語はよく聞き取れない」とつぶやいていた。

さらに最近では大陸からの移民も増え、中国語フォーカスに拍車がかかってきている。２００９年、建国の父リークワンユー顧問相の「二世代後には中国語が母国語になるだろう」との発言が報道された。発展目覚しい中国への叩頭《こうとう》(リップサービス)もあろうが、パラダイムシフトを肌で感じているのではないかと筆者は考えている。中国語普通語の教育には1979年以来力を入れてきたが、話す力は別として、読み書きの力は政府の思惑ほど伸びていないとの報告もある。

いずれにせよ、日本のように、日本語による国民間の意思疎通に何の問題もない国では、まずはお手本とすべき国(企業)を十分に吟味した上で選ぶべきだろう。「シンガポール(企業)は英語を導入したから、国際的になった」という理由づけは一面的な見方であり、そもそも英語を学ぶのであれば、そういう詭弁について critical thinking(批判的思考)をもって自らの頭で考えることが、より大切ではなかろうか。

但し、シンガポールから学べる点はある。それは反面教師としてである。シンガポール政府は、自己増殖して統制が利かなくなりつつある英語方言(Singlish)に、この10年間、頭を抱え続けている。SGEM(Speak Good English Movement =正しい英語を話すための運動)を展開しているが、十分な成果は上がっていないようである。例えば、Singlish 矯正講座を設けたり、街で英語の濫用を見つけたら、その上に正しい英語で修正の紙を貼るよう国民に呼びかけるなど、様々な対応をとっているものの、Singlish は English よりも親しみのある「母国語」であり、政府の必死の呼びかけも若者たちの耳には馬耳東風のようだ。2000年にこのプログラムを開始したシンガポールのゴー・チョクトン前首相は Poor English reflects badly on us and makes us seem less intelligent and competent.（まともな英語が話せないと我々は不利になる。しかも、能力的にも劣った印象を与えてしまう）と効果的な打つ手がないことを在任中に嘆いていた。[http://www.goodenglish.org.sg/]

学級崩壊、活字離れ、語彙力の低下など、日本の若年層の日本語能力は低下の一途を辿っているようだが、そんな中で「日本的英語でいい」「英米人の英語が国際コミュニケーション英語ではない」などと最初から守破離でいう「破」を教えてしまったら、それこそかなりいい加減なパトワ（混成語）しか彼らは話せなくなり、日本語も英語も中途半端になってしまう可能性は否めない。英語を母国語としない外国人だからこそ、「守」の段階だけは、きちんと正統派の英語を学ぶべきではなかろうか。「壊」し「離」れていくのは、もっと後の段階である。

日本通外国人の視点

達人 コンスタンティン・サルキソフ

（ロシア科学アカデミー東洋学研究所所長）

「外国語を知り、人は初めて母国を知る」

＊以下は英語での対話の日本語訳。

森山 コンスタンティン、久々に会えてうれしいです。いつの間にかモスクワに戻っていたのですね。さて、日本の一部の会社で「英語社内公用語化」が導入されつつあります。国レベルの話ではなく「社内公用語」です。日本は、あなたにとって合計で20年近く暮らした国ですので、我々日本人には思いつかない観点から、この問題をざっくり斬っていただければと思います。

K・S 前世は日本人だったと信じている僕からすると、極めて懐疑的ですね。まず日本は「単一民族の国」という人がいるけれども、実際はそうじゃない。それは昭和という時代の政治的レトリックに過

ぎません。一説によれば、純粋な大和民族は今の日本に14%しかいないそうです。弥生人はガイジンでしょ。聖徳太子だって半分半島人。14%という数字が正しいのかはわかりませんが、ポイントは、日本は必ずしも「単一民族国家」ではなく、いろいろな血が混じった人たちが暮らしている、ある意味で「多民族国家」とも言えるわけです。次に宗教。八百万《やおよろず》の神なんていうけれど、多くの日本人は、我々ロシア人がいう意味での「宗教」をもっているようには思えません。

森山 うーむ。「民族はバラバラ、宗教はない」と。そうすると、日本のnational identityを構成する要素は何でしょうか。

K・S 一つは土地、つまり日本列島です。もう一つは天皇制。これは僕らガイジンにはよくわからないけれども、少なくとも個人レベルではそんなに尊敬していない。だけど、総論レベルでは「日本人のこころ」、つまりアイデンティティーを構成する一要素といえます。そして、第三の要素が日本語なのです。そう考えてみると、「日本語を話す人が日本人」とも言えるわけです。基本的に私は「言語＝ツール」などという考えには賛成しません。言語は「こころ」なのです。

森山　ロシアでも「言語はこころ」でしょうか？

K・S　そうです。ロシア語でロシア人を指すコトバが二つあります。一つは「ルスキー」、もう一つは「ロシスキー」。前者は血の含みがあります。「純粋なロシア民族の人」という意味。後者は「ロシア国籍の人」です。例えば僕はアルメニア人だけど、ロシア国籍をもつロシア人です。この二つを繋ぐのが、ロシア語であり、ロシアの地であり、そしてロシア正教でしょう。これが、ロシア人のアイデンティティー、つまり「こころ」です。

森山　もう一度明確にしておきますが、我々が今論じているのは「英語を企業で社内公用語として導入するか否か」という点です。これについてWe are on the same page, right？（認識は一緒ですよね）

K・S　もちろん、わかってますよ。ただ、英語国語化であろうが、英語社内公用語化であろうが、あまり関係ないのです。ポイントは一つ、つまり「日本語は日本人のこころ」なのです。もう一つ例を挙げましょう。明治時代に日本は西洋に追いつけ追い越せと躍起になって、初代文部大臣森有礼《もりありのり》が「日本語をやめましょう」と言ってますよね。「遅れているから日本語をやめないと前進できない」「国際社会の波に呑まれてしまう」と思い込んだのでしょうが、当然受け入れられませんでした。そうやって、時代時代で時々、こういうことを言い出す人が出てくるんです。

森山 事実かどうかは不明ですが、皇室を冒瀆《ぼうとく》したと思い込んだ人間に森有礼は暗殺されてますよね。少なくとも「日本語廃止、英語国語化」という急進的な意見を公で唱えて「共同体」を敵にまわした、とはいえるでしょう。さて、社内公用語化に戻りますが、ユニクロや楽天も失敗すると思いますか？

K・S 方法によります。成功させるには、英語一本にしてはダメでしょう。日本語をメインとして使って、英語をサプラメント（補助）として併用することが大切です。

森山 「並行して使う」ということですか？

K・S いや、パラレルはだめです。そのうち日本語は駆逐され、英語だけになってしまうでしょう。そうすると、アイデンティティーの構成要素の一つを失い、国力は必ず落ちていくはずです。

森山 「パラレルがダメ」とおっしゃる点ですが、どうもイメージがわきません。もう少し具体的な例はありますか？

K・S 僕は山梨学院大学と法政大学でも長年教えているんですが、法政大学で「日本語と英語の併用」を決めたのです。半分日本語、半分英語。それで、午前中は英語で講義をして、午後は日本語というふうに決めたのですが、結局、先生たちが英語で教えることができなくて頓挫しました。日本の大学にしては珍しく急進的なことを決断したまではよかったのですが、導入プロセスで躓《つま》きました。

森山 なるほど。日本的組織における英語の壁は、なかなか厚いのですね。もう少し深くお聞きしたいので、先ほどおっしゃっていた「日本語はこころ」という点に戻らせていただけますか。

K・S　OK牧場！　日本語の語彙のうち、和語は2割、漢語は8割です。ロシア語も同様で、純粋なスラブ語源の単語は3割、残りの7割は外国語です。単語っていうのはレンガみたいなもので、文法は骨組みです。これはそのまま、和語と漢語にも当てはまります。和語は「文法のコトバ」です。家を建てるには欠かせない礎です。そうした強固な礎の上に漢語の語彙を増やしていったことで、日本語という「家」は非常に多彩で豊かなものになっていったのです。和語と漢語を組み合わせることで、複雑なニュアンスをだせるようになりました。また、ものごとをより明確に表現できるようになったわけです。ロシア語も同じです。純粋なスラブ語源の言葉ですべて説明しようとすると、非常に長たらしい表現になってしまいます。だから、漢語に相当する言葉やそのまま英語を使ったりします。一方、セルビアなどは、自分の言葉で説明しようとする傾向があって、例えばフットボールのことを「足と球」って言うわけです。非常に長ったらしい単語です。

森山　日本でも敵性語禁止の頃、蹴球《しゅうきゅう》といってましたね。もっとも、これは漢語の組み合わせですが。

K・S　そうそう。ただ、日本語では漢語や外来語が有機的に和語と結びついて日本語の一部になっているんです。言語というのは生き物で、日本人はそれをよくわかっていたのでしょう。スラブ民族のように人工的に和語だけに統一しようとしてもうまくいかないのです。英語化も同じで、生き物だからこそ、強引にどちらかに統一するのは、いわば肉体から肉を切り落とすような痛みを感じる人が必ずいます。だから、さっき言った「日本語をメインで、英語をサイドディッシュ」という形でやるのであれば、うまくいくはずです。

森山 なるほど。確かに、日本人の強みはこの本の中でも述べているように、外国を手本として内外の知識や経験を融合させ、日本独自のものを生み出していく点にあります。ただ、そうは言ってもサラリーマンが日々の仕事の合間にたとえサイドであっても英語を学ぶのは大変なことです。どうしたらよいのでしょうか?

K・S 仕事というのは人生です。生きるために働きます。そこで完全英語化すると、「こころ」や「肉体」的な痛みを伴います。だから、英語下手を直すには、生きるために働く前に、つまり学生の間に英語漬けになる必要があるのです。去年秋、秋田にある国際教養大学で、ある国際会議に出席したのですが、その大学では面白いことをやっています。中嶋嶺雄という元東京外語大の学長だった人が学長をやっていて、日本の大学にしては革新的なことをしています。英語だけの授業の徹底、1年以上の海外留学を全学生に義務化、教授会の廃止、図書館24時間オープンなどなど。こういうところで学生時代に学べば、日本にいても、ある程度英語下手を克服できるかもしれません。スティーブのいるヨーロッパは、環境が全然違うんです。あっちでは、誰でも英語を使う機会が格段に多いのです。観光客にせよ、ビジネスパーソンにせよ、外国人がそこらじゅうにいる。その意味で、英語は「日々のツール」です。しかし、日本とか中国では、「英語を使って外国人とコミュニケーションする」ということは、まだまだ「非日常的なこと」なのです。スティーブ、鷲はどうやって雛鳥に飛び方を教えるか知ってる？

森山　（意表をつかれる）うーむ。いきなり鷲の話ですか。意外性の法則を使っていますね（笑）。

K・S　親鳥が子供たちを巣から叩き落とすんだよ。Necessity is the best teacher. つまり、「必要は最高の教師」なのです。落ちたら飛ぶしかない。必要になれば、サラリーマンも必死になって英語を学ぶでしょう。大人が本気になってできないことはありません。本当のところ、今の日本は、まだまだ外国人が人口に占める割合が少ない。せいぜい2～3％でしょう。そのうち中国人が１００万人以上いるんだけど、彼らは日本語ができるでしょ。大半の日本人にとって英語なんて不要なのです。外国人の数が20％になったら日本も変わるでしょうね。社内英語化が現実化するのはその頃かもしれません。

森山　それまでどのくらいかかると思いますか？

K・S　40年。それまでは、英語化は難しい。それまでは英語一本化をやっても、日本にとって望ましくない結果しか生まないでしょう。

森山　なるほど。ゲーテの残した言葉に「外国語を知り、人は初めて母国語を知る」という名言があるのですが、私はそれにスピンをかけて「外国語を知り、人は初めて母国を知る」と言っているのですが、今日の話のポイントは、おそらくこの点にあるのでしょう。

K・S　正にその通りです。（突然ウェイトレスを呼ぶ）おっと、すいません、「判決」くれますか？

美しいウェイトレス　ほほほ。面白いお客さん、何言ってんですか、「お勘定」のことでしょ、勘弁して

ください（笑）。

K・S ははは（豪快に笑う）。

森山 Oops. ロシアでも滅多に見かけないレベルの別嬪《べっぴん》さんですね。

K・S 同感、同感。しかし何だな。人生は辛い。モスクワにはこんなに綺麗な女性がいるのに、僕はもはや若くない。人生の黄昏《たそがれ》どきを迎えたという事実が実に辛い。

森山 いやいや、Youth is not a time of life; it is a state of mind.（青春とは、人生におけるある期間を指すのではなく、心の様相をいう）というユダヤ人詩人、サミュエル・ウルマンの言葉は、コンスタンティンのためにあるんです。赤いシャツが似合ううちは大丈夫です。これからも、ロシアと日本の架け橋のお仕事頑張ってください。今日はありがとうございました。スパスィーバ。

コーヒーブレイク⑤

「オトナの英語」

「ケイティーはNo offence but…って言わないの、ひどいでしょ」

欧州で生まれ育ち、英国人学校に通う娘のこの呟きを耳にした瞬間に、英米人との間合いの取り方について書いてみようと思った。「欧米人は何でもはっきり言う」という神話を聞いて育つ日本の人たちは、ハリウッド映画などで、机をバンバン叩いて口論するアメリカ人の姿を見て、「やはり彼らは我々とは違う」と思い込んでしまう。

しかし、本当のところストレスに苛まれた人間が多い現代社会では、どんな国であろうが「緩衝材」を自由自在に使いこなせないと、コミュニケーションを円滑に進めることが難しい。これらはsocial conventionであり、いわば人間社会におけるゲームのルールである。

冒頭の表現は子供やティーンエイジャーがよく使う「悪気で言うんじゃないけど…」という意味の表現だが（変化形としてNo offence or anything but…がある）、彼らでさえ「間合いを取る」努力を惜しまない。なお、ここで出てくるbutという言葉は、主張のトーンを180度変換してしまう魔法のコトバである。butの多い相手にはThere are no buts about it.「『しかし』も『かかし』もない」と釘をさす手もあるが、大人同士の会話では直球すぎて使いにくいだろう。

そういえば、日本の中学校では、こんな表現を習う。

① Will you tell me how to go there?（行き方を教えてくれませんか）

② I want you to review this report.（この報告書をレヴューしてください）

右記の表現は文法的には正しい。しかし、これらが「上から目線」の表現であることは、残念ながら教わらない。あなたの英語がたどたどしければ許してもらえるかもしれないが、上級者ならば傲岸不遜《ごうがんふそん》な奴として黙殺されるだろう。

まず①だが、Will you…? は「…してくれませんか」という意味ではない。「…してよ」に近い。つまり、命令形とさして変わらない。決して丁寧表現ではなく、また使うとしたら親しい間柄（例えば、親子間や友達間）で使うべきである（但し、著者は部下にも使わない）。要するに、初心者には使い道がないので、忘れてしまったほうがいいだろう。また、pleaseをつけてもさほど丁寧にならない（後述参照）。

次に②だが、I want you to… はいただけない。to不定詞の用法として日本では習うが、ニュアンスは教わらない。使えば、極めて我が強く、傲岸不遜な人間と間違われるだろう。I'd like you to…

にすれば多少は和らぐが、それでも我の強いトーンはぬぐいきれない。

また、①のgoというのもやや不自然だ。意味は通じるが、行き方を聞くなら、自然な表現はget thereだろう。それではどうすればいいのか。以下、いくつか注意点を列挙してみたい。

▶ pleaseは「どうぞ」「どうか」と覚えるから、「かなり丁寧な」言葉と誤解しやすい。事実、日本では「丁寧語」として習う人も多いようだ。確かに、表現力に乏しい子供ならそれでいい。実際、英米人の子供はpleaseと thank youの2つの表現を口うるさく親から躾《しつ》けられる。けれども、「大人の英語」としては不十分である。何かして欲しい時にいろいろな婉曲表現を巧みに使いこなせないと、ビジネス社会では、相手は動いてくれない。そこでまずは、仮定法を使いこなす必要がある。Can you…? Will you…? の代わりに、Could you…? Would you…? とするだけで、著しくトーンが変わる。なぜか？　それはcouldやwouldには「もしよろしければ」（if it wouldn't be too much of trouble あるいはif you don't mind）というニュアンスがあるからである。

▶ さらにもう少し婉曲的にI would be grateful if you could …なり、I would appreciate it if you could …と多少長くても、やんわりと言うとなお良い。これらは「人を動かす」表現である。但し、丁寧過ぎるのも問題で、これをI would be grateful if you would …とすると、慇懃《いんぎん》無礼《ぶれい》な印象を与えるリスクがある。couldとwould、たかが一文字の違いと舐めてはいけない。なお、for meという誰でも知っているコトバも、実はかなり丁寧な印象を与えるニュアンスをもつのだが、過ぎたるは及ばざるが如し、例えばI would be most grateful if you would review this report for me. などとあなたが上司に言うと、間違いなく堅苦しい奴、媚びる奴だと思われるだろう。

反論する時も同じである。変化球を巧みに使ったほうが、相手があなたの主張に耳を傾ける可能性は高まるだろう。例えば、I don't disagree with you, but…（お言葉を返すようですが）。これは変化球の名人イギリス人たちがよく使う表現である。

婉曲表現は奥が深い。しかし、wouldやcouldを効果的に使えばそんなに複雑ではない。結論としては、上級者になったら、コドモではないのだから、「please + 命令形」で何でも片づけないように気をつけたい。

「間合いを取る」ための緩衝材

▼With all due respect, you haven't really answered my question.（お言葉を返すようですが、質問にお答えいただけないでしょうか）。With all due respect, は相手のミスを正すときなどに効果的だ。「間違いを指摘するけれども、あなたに対する尊敬の気持ちはもっているよ」と「間合いを取る」手法である。日本語に訳すと、胡散《うさん》臭く響くかもしれないが、後述のように、案外こういった

枕詞が大切なのである。また、You made a good point, but with all due respect, I think …と先に少し相手を持ち上げてから反論する手もある（Point taken, but with all due respect, I think ... でもよいだろう）。残念ながら、この表現はあまりにも多く使われたため、英米人の中には、この枕詞を聞いた瞬間に構える人もいるので、使い方は難しい。他には、Don't take this the wrong way, but …（誤解して欲しくないのですが）、Don't take me wrong, but …（誤解して欲しくないんだけど［若い人が使う表現］）などがある。

▶ You may be right but …「あなたは正しいかもしれないが」とまず相手を立てた上で、反論をする手法。当然、but の後で持論を展開するが、この You may be right … という表現には I doubt it. という疑いのニュアンスがどうしても出てしまう。比較的「直球」といえよう。老獪《ろうかい》に I agree but …（確かにおっしゃる通りです、但し…）とたとえ同意していなくても、前置きを使う手もあるだろう。

▶ It's not that …, it's just that …（…なわけではなく、ただ…である）という構文も有効である。It's not that I disagree with you — it's just that I'm saying we should consider other options as well.（反対しているわけではない。ただ他の選択肢も検討すべきだと言っているのです）。

▶ Having said that, it is a little difficult to define exactly what it is.（そうは言っても、はっきり定義することはちょっと難しいです）。Having said that, は建前論を述べた後に「…とは言うものの」

と本音を言う時や、原則を述べた後に持論を展開する時に有効である。文章でも使えるが、より堅い文脈では That said,（もしくは That being said,）とするといいだろう。

▶ We'll have to talk more about that later. と I'll have to give that some more thought. は、相手の論点や提案を「後で考える」と言いながら、大抵それで終わりにしてしまう方法。その場しのぎの感もあるのであまりお奨めはできない。一方、「一晩だけじっくり考えよう」というニュアンスで Why don't we sleep on it? と問題を寝かせてみる手もある。だらだら議論を続けるよりも、仕切り直ししたほうが、妥協点に到達しやすい時もある。

▶ I know what you mean.（確かに、おっしゃる通りです）、I hear what you are saying.（なるほど）など、頷《うなず》きの表現はいくつかあるが、これも英米人との「間合い」をとるには有益な表現といえよう。

▶ Absolutely no criticism is intended,（非難するつもりは一切ないのですが）。一般論だが、欧米人は自分の非を簡単に認めない。徹底的に言い訳する。だから、頭ごなしに相手の非を責めても効果はない。怒り損を被るだけだろう。それでは、どうすればいいのだろうか？　批判をしてもいいが、あくまで個人攻撃ではないような響きをもたせることだ。「もたせる」という点が大切である。なにも問題に対して見て見ぬふりをする必要はない。これを別名「建設的批判」（constructive criticism）という。難しく聞こえるが、要するに相手に逃げ道を残しておくことである。その際に役立つのが、日本語では上っ面《つら》の言葉として眉につばをつけて構えられてしまうような言葉を挿入しながら、論理的に問題の所在を明らかにしていく手法である。こちらも人間だから頭にくることもあるだろう。非難めいた口調になることもあるだろう。それはそれでいい。但し、そうなってきたら、こういう言葉を挿入して、あたかも「建設的な」意見のように響かせる工夫が必要だ。小細工と思われるかもしれない。しかし、相手は我々と違って「言い訳はよくない」などという価値観を全く持ちあわせていない生き物なのである。従って、こちらが「大人」になって相手のルールで戦うしか方法はない（You have to beat them at their own game.）。我々の価値観で判断して、頭にきても空振りに終わるだけなのだ。もちろん、相手も余程おかしな輩《やから》でない限り、自分に非があることは大抵わかっている。そして、「非難はするつもりは全くないよ」という言葉を鵜呑みにして、あなたの主張に耳を傾けてくることだろう。

▼他に、本音を言うときには、To be quite honest や Quite honestly（正直言うと）が使われる。I'm not trying to hurt your feelings, but …（あなたの気分を害したくはないのですが）や I don't want to rain on your parade, but …（水をさすようで済まないが）もあるが、どんなに緩衝材を使っても内容によっては感情的な会話に発展するリスクはあるだろう。

このように英米社会でも「間合いを取る」ことは大切である。これを誤るとどうなるのだろうか。

この場合、彼らの狩猟民族の血が騒ぎだし、open confrontation（正面からの対決）に至る確率が高くなる。戦いになると厄介である。我々と違って連中は徹底的にやる人間が多い。だから微妙な「間合い」を巧《うま》くとり続けられるような枕詞を会話の中にちりばめることが大切なのである。

ところで、この「間合い」を英語で表現するとどうなるのだろうか。arm's lengthでいい。腕の長さの分だけ距離をあけて相手の許容範囲外の心理スペースを侵さないこと。例えば、女たらしにつきまとわれている女性の友人にYou'd better keep him at arm's length. と忠告すれば「彼とは一定の距離をおいておかないと、まずいことになるよ」という意味になる。

いずれにせよ、「間合いを取る」ことは、異文化に限らずコミュニケーションの基本であり、十分精通しておくに越したことはない。蛇足だが、筆者のような人間がこの表現を使う時は「間合い」は特殊な術語に姿を変える。arm's length priceは独立企業間価格（移転価格税制における基本用語）のことであり、異文化コミュニケーションとは縁もゆかりもない話になってくる。但し、国際ビジネスに携わる読者の方は、グローバル化の時代には重要な概念の一つなので、念のために覚えておくとよいかもしれない。

第３章

英語格差社会に
生き残るための７つの鉄則
〈対策〉

本章では、これまでの「傾向」（第1章）と「現実」（第2章）を踏まえ、英語社内公用語化の「対策」について考えていきたいと思います。全読者のニーズを満たすのは難しいのですが、なるべく誰もが応用できるようにポイントを絞って説明していきます。なお、中級者以上の読者には、追加的課題を本章後半に付記しておきます。

◎対象者⇩ＴＯＥＩＣで９５０点までの人（これを超える読者については「中級者」と定義し、本章本文に加え、後半部分も併せてご参照ください）。なお、９５０点以下を「初級者」とする理由は、（真偽の程は不明ですが）近年成長目覚しい一部の韓国大企業における新卒者の平均ＴＯＥＩＣスコアは、少し前まで９００点程度だったのですが、最近９４０～９５０点ほどに上がっていると耳にしたからです。確かに、複雑化するビジネス社会において即戦力として英語をビジネスで使うには、ＴＯＥＩＣ９００点では全く不十分でしょう。いずれにせよ、隣国の人たちが必死になって英語を磨いているわけですから、我々にもできないはずがありません。そういう期待を込めて、日本的感覚では厳しい基準をあえて採用した点を記しておきます。

一言で言えば、「多読・多聴・多話・多書」の繰り返しが、英語上達の秘訣といえます。大切なのは、五感を使って語のニュアンスを脳に記憶させ、常にインプットとアウトプットを心がけることに尽きるでしょう。

鉄則１　どこにいても学べ

仕事をしている学習者の場合、疲れて夜遅く家に帰ってビールを飲むと、よほど強靭な精神力の持ち主でない限り、風呂・飯・寝る（テレビ）の蟻地獄に陥ります。

このため、家で集中できない人は、家に帰るまでが勝負です。隙間時間を探して、それを英語学習にあてない限り、スタートラインにさえ立つことができない点を自覚しましょう。例えば、車窓から目に入る景色を見ながら、頭の中で観光ガイドになりきって片っ端から英語で説明してみてはどうでしょうか。地下鉄の場合は、電車の中吊り広告の中身を頭の中でどんどん英語に直していきます。わからない表現は記憶しておいて、後で調べてみましょう。

実は、私は今、電車の中でこの原稿を書いていますが、ふと週刊誌の中吊り広告が目に入ってきました。歌舞伎役者への暴行事件の話題がたくさん書いてあります。そこで、これを英語学習に使ってみましょう。

○ステップ1　事件の原因を考え、それを英語で端的に表現する。

⇩この事件の場合は excessive drinking（過度の飲酒）が原因の一つであろう。

○ステップ2　ステップ1の真因や事件概要等から類推される概念を列挙し、その英語を覚える。

(1) 飲酒関係 ⇩ 最後の一杯（one for the road）、飲酒運転（drunk driving）

(2) 暴力関係 ⇩ 組織犯罪（organised crime）、喧嘩（dust-up）、いざこざ・諍《いさか》い（run-in）、挑発（provocation）、少年非行（juvenile delinquency）、破壊行為（vandalism）、暴走族（motorcycle gang, biker gang）、入院（hospitalisation）、沈黙を金で買う（buy silence）、口止め料（hush money）、ゆすり・恐喝（extortion）、示談（out-of-court settlement）

(3) その他 ⇩ 喧嘩両成敗（It takes two to tango.）、同じ穴の狢《むじな》（It takes one to know one.）、芸能界（show business）、目のまわりの痣《あざ》（black eye）

最初から英語で列挙できなくてもいいのです。まずは、日本語でいいからキーワードを羅列してみます。なるべく五感を使って柔軟に連想の幅を広げていきます。最後にその英語を辞書等で調べるのです。

○ステップ３　各単語について信頼できる媒体で使われた用例を検索し、ノートに丸ごと書き写す。
○ステップ４　その例文を少なくとも１週間連続で毎日３回以上「音読」する。
○ステップ５　朝の通勤電車に揺られながら、頭の中で事件について英語で端的に説明してみる。ただし、前の晩、寝る前にステップ３とステップ４を参考に文章化して、それを音読しておくこと。翌朝、多数の聴衆に話しかけているイメージで、頭の中で反芻しながら、メモを見ずに説明してみる。

以上の５段階のステップを繰り返し行なうことで自然に五感や脳が刺激され、確実に英語が身につくはずです。まず、隙間時間を効果的に使う工夫からはじめなければ、スタートラインにさえつけないのが、仕事を持つ人の外国語学習なのです。

鉄則２　自分の表現集を作り「音読」せよ

「わからない単語を見かけたら、その意味を書いておくこと」と言われて、単語帳を作った経験がある人は少なくないでしょう。通常、「左側に英語表現、右側に日本語訳」というパターンではないでしょうか。これを発展させてみましょう。私ならば、次のような単語帳を作ってみます。わかりやすく説明するために、「clear blue water」というボート競技から生まれた表現を例に使ってみましょう。

○**ステップ1**　まずノートの左側に「(create) clear blue water」と書く。

○**ステップ2**　次にその右横のコラムに意味を「英英辞書」で調べて書く。

◎意味は「the gap between the aims, ideologies and aspirations of two political parties; especially used between factions of the British Conservative party」

⇩ 英国の政治家たちが使った表現ということがわかる。

○**ステップ3**　さらにそこで類推を働かせる。

⇩ 保守党の政治家ということは、Oxbridge（Oxford and Cambridge）出身者か? 彼らにとって水が関係するスポーツといえばボートしかありえない。ボートといえば、アッパークラスの印だ。ということは、おかしな含みのある俗語ではなさそうだ。

○**ステップ4**　グーグル等にステップ3の類推から思い浮かぶ単語（例えば、rowing）を入れて「create clear blue water」でＡＮＤ検索する。

⇩すると、やはり「ボート」関連の表現であることがわかる。「Originally a term from competitive rowing referring to an obvious gap between the leading boat and those following.」すなわち、日本語でいう（競争において）「水をあける」という意味に似ている点に気づく。

○**ステップ5**　さらに例文をその右横に書く。例文の採集は重要である。すでに述べたようにネイティブであっても、正しく使っているとは限らないからだ（53頁参照）。このため、出典には細心の注意を払う。ステップ1において表現を選ぶ前に、その表現を見つけた原典があるはずだが、それが例えば耳で聞いた場合などはこの段階でもう一度インターネットで検索して再確認しておくべきだろう。英米圏の一流の雑誌や新聞あるいは大企業のウェブサイトに載っている表現を例文として採集し、それを単語帳に書いておく。非ネイティブ話者として記憶するわけだから、これは絶対に正確、且つ正しい響きをもつ文章でなければならない。

◎We are seeking to establish **clear blue water** between ourselves and our competitors in each of the markets we serve.（我々は、我々が活動しているすべての市場において、競争優位にあるよう不断の努力を続けている）

○ステップ6　単語帳の最終段階は、コトバのつながりの確認である。これもインターネットで検索して、clear blue water という表現には、一体どのような動詞がとれるのかを確認する。英語ではこれをコロケーション（collocation）というが、この世界は残念ながら論理性では説明しきれない。ネイティブに聞いても論理的な説明は返ってこない。論理的に正しそうな代替語を使ってつなげようとしても「意味は通じるが、おかしな響きだ」と一蹴される。

例えば、日本語でも同じである。競争優位性を「もつ」「保つ」「高める」「築く」「確立する」などとはいえても、競争優位性を「作成する」「創造する」とはいえない。意味はわかっても、不自然さが否めない。これは我々には瞬時にわかっても、外国人日本語学習者にはわからない。覚えるしかない世界である。

このため、我々も教養のある英語ネイティブ話者から学ぶしかない。周囲に「信頼できる」ネイティブ話者がいない場合は、Collocation Dictionary で調べてみよう。インターネットで検索し「採集」を行なうのもいいだろう。検索ヒット数が何十万とあれば、まず間違いなく正しい表現といえよう。念のため検索してみたcreate 以外にput やkeepが使えることがわかる。実際、これは私も頻繁に耳にするので正しいと再確認できる。さらに、establish も使えるが、これはよりフォーマルな響きを持ちそうだ。これらをいちばん右端に書いておく。

以上の6段階のステップをこなして単語帳を作る作業は骨が折れますが、これをやると確実に表現力が増します。さらにこれらの表現や例文を継続的に音読することが大切です。単純に英単語と日本語訳をにらめっこするよりも、確実にコトバのもつニュアンスを含め体得できるはずです。お試しあれ。

鉄則3　脳の中の「編集者」を喜ばせて語感をつかめ

辞書のことを「アルファベット順に配列された宇宙」と表現した西洋の作家がいたと思います。私は中学生の頃このコトバに共感して、よく辞書を「読」んでいました。確かにそこには自分の知らない知の小宇宙が広がっていて、好奇心の塊だった私はある単語を調べると、そこから派生する言葉を調べ、さらにそこから派生する言葉へと、時間がたつのを忘れて延々と辞書を読んだものです。

実際、世の中には凄い人がいて『そして、僕はOEDを読んだ』の著者のように『オックスフォード英語辞典』（全20巻、2万1730ページ）を読破して、体験記にまとめてしまった人さえいます。

しかし、今の私には辞書を読む時間も好奇心もありません。そんな私が、読者に薦める方法は、特定の英英辞書を音読する方法です。音読に最適なのは『コウビルド英英辞典』です。なぜ最適かというと、次のような独特の定義の仕方をしているので、音読に適していると思うからです。ここでは「define」という単語を例示してみましょう。

If you **define** something, you show, describe, or state clearly what it is and what its limits are, or what it is like.

まず普通の辞書と違って、動詞などの説明に際し、youという言葉で説明するので、音読に適しています。しかも、この説明をみると、単に「define ＝ 定義する」というA ＝ B式の訳ではかりしれない言葉のニュアンスや含みを学ぶことができます。さらに例文には、自然な用例を採集して使っている（コーパス）ので、一部の日本の英和辞典のように不自然な例文を間違って覚えてしまうリスクはありません。

しかもこの辞書は外部データベースにある5億語以上を処理して、今日使用されている英語の80％がわずか３０００語でカバーされる点を発見したということで、初学者が知っておくべき３０００語には印がついています。よって、まずはこの３０００語を記憶すべきでしょう。

「二刀流」は一流の条件

最初の３０００語をマスターしたら、次に語彙力増強（vocabulary building）で意識すべき点は、「二刀流」という点です。まず英単語は、おおまかに分類すると次の３つに分類できます。

①ラテン・ギリシャ語源の言葉（例）comprehend 理解する
②アングロサクソン（ゲルマン）語源の言葉（例）get 理解する
③外来語（借入語＝本稿では割愛）（例）tsunami 津波

直接の比較は正しくないかもしれませんが、便宜上（for the sake of argument）①は日本語における「漢語」、②は「大和《やまと》言葉」と考えるとわかりやすいかもしれません。漢語も、長い年月を経て日本語の一部と化した外来語です。①の「漢語」は、日本人には馴染みやすいかもしれません。なぜなら、いわゆる受験用の単語だからです。たいてい綴りは長く、覚えにくい。発音も難しい。一方、②の「大和言葉」の方は綴りはやさしいのですが、日本人には案外使いこなすのが難しいようです。

英米人は、一般的に「平易な言葉で表現できる場合は、難解語は避けよ」と考えています。つまり、原則としては、②の（大和言葉）を、①の（漢語）より多く使います。しかし、同時に英語では「同じ単語を反復して用いるのは野暮」とも考えられています。このため、最初は平易な②のアングロサクソン語を使っていても、そのうち球切れになって①の出番が回ってくるのです。

結局、どんな概念も①と②の両方で表現できるように語彙を豊かにしておくと、使い分けができて便利です。平易な単語ばかりだと教養を疑われ、難解な単語ばかりだと取っつきにくい（または気取った）印象を与えてしまいます。単語の持つ色と含みに常に注意を払いながら、両方を効果的に使える「二刀流」を目指すことが大切なのです。

さて、ここで語感について考えてみましょう。「エピソード記憶」という言葉を聞いたことがあるでしょうか。人間の脳は、「A＝B」のような機械的な単語の詰め込みには慣れていないようです。そもそも、我々はいったいどうやって、こんなふうに自由に、臨機応変に日本語の表現を使えるようになったのでしょうか？

言うまでもなく、これまでの膨大な蓄積があるからです。どういう蓄積かというと、様々な場面で、様々な用例に触れた、という経験です。いちいち辞書で定義を覚えるのではなく、五感を働かせて、概念を肌感覚でつかんでいくプロセスです。例えば、「酒に酔う」というコンセプトであれば、酔っぱらいの様子を見たり、聞いたり、酒臭い体臭を嗅いだりして、そのニュアンスを脳はどんどん記憶していきます。そして、そういう「エピソード記憶」が蓄積されると、脳が「編集者」になります。「スティーブは酔っぱらい、太郎も酔っぱらい、アリスも酔っぱらい、花子も酔っぱらい」などというエピソードを脳が勝手に編集して「酔っぱらいとはこれこれこういうこと」という非言語的な定義づけをするそうです。これを「意味記憶」というそうですが、もっと含みがある言葉、例えば、婉曲表現だとか敬語だとか、そういう「文化の作法」ともいうべき表現の場合は、「編集者」の作業を助けるために、よりたくさん用例やエピソードを脳に送ってあげる必要があります。

従って、とにかく様々な用例に触れることが大切です。たくさん読んで、たくさん聞いて、**脳の中の編集者を喜ばせてあげなければなりません。**

例えば、英語の本（原書）をとにかく一冊読破する。最初はきついでしょうが、ネイティブの読む小説や雑誌を、地道に、愚直に、徹底的に読み進めていくと、ある日突然ＴＰＯに応じた、大人にふさわしい表現を脳が勝手に選んで発することができるようになるわけです。

また、文法書もできれば英語で書かれたものを一冊は読破すべきでしょう。文法とは何でしょう？それは、言語を徹底的に煎じ詰めた「エキス」のことです。徹底的にムダを省いて、乾いたタオルを絞って、それで残ったエキスを構造化したものが文法なのです。逆に考えると、最も効率的に、短期間で、言語の基礎を学ぶことができる「魔法の杖」といえます。もちろん、万能薬ではなく、文法だけやっても外国語はできるようにはならないのですが、大切なことには変わりありません。

いずれにせよ、二刀流を意識して語彙力を強化し、同時に語感を養っていく努力が大切でしょう。

コーヒーブレイク⑥

「列車と車」

人は私を「仕事好き」と呼ぶ。だが、「好き」という単純明快な感覚とは少し違う。今も、暮れだというのに本業のみならず原稿や講演準備など、何件もの締め切りに追われ、睡眠時間を削って格闘しているが、「心自ずから閑なり」というのだろうか、何とも表現しがたい、清々《すがすが》しさを感じている。どんなに忙しくても、「忙しいことは、ありがたいこと」、そんなふうに思えてならない。その理由は、本当のところ自分でもよくわからないのだが、おそらく駆け出しのころの原体験に起因するのではないかと感じている。「物書きは、処女作に向かって円熟していく」という言葉を聞いたことがある。本書は、日本語では記念すべき10冊目となるので、以下、絶版となった処女作から引用してみたい。

「列車に乗りたいのか、それとも車を運転したいのか?」…私は迷った。外資系コンサルティング会社の英国本社役員たちとの採用面接を受けたときのことだ。英語の腕試し程度の気持ちで受けてみた面接。どんな会社かもほとんど知らない。ましてや、いきなりロンドンでの就職だという。すでに日本の大企業数社からの採用内定を受けている。どうすべきか。その時、こう自分に問いかけた。

バブルの絶頂期だった当時、日本企業の羽振りはよく、将来は薔薇色に思えた。ただ、目的地が見えてしまうのだ。停車駅も見える。それもはっきりと。それはそれで快適な旅かもしれない。だが、私には、決まったレールの上を走る「列車」の人生がたまらなく窮屈に思えた。

むろん、人それぞれ価値観は違う。電車の旅を好む人もいるだろう。しかし、できることなら自分でハンドルを握って好きな所に行ってみたい。列車からは見ることのできない世界を見てみたい。そんな思いが私を駆り立てた。結局、私はロンドンに旅立った。

だが、その選択が想像以上につらく、リスキーだった点は、英国に行くまではわからなかった。帰国子女でもなければ留学経験もない私を待っていたのは、ロンドンの金融街シティーの厳しい現実だった。それまで「英語は問題ない」と過信していた私の語学力は、井の中の蛙《かわず》以下であり、オックスブリッジ出身の金髪碧眼《へきがん》の同僚たちについていくだけで精いっぱいだった。入社から半年間ほど誰にも使ってもらえず、ベンチ部屋でただひたすらプロジェクトに入れてもらえるよう祈り続けていた時期さえある。

皆が忙しい中、社内失業する苦しみを就職直後に味わうなど、誰が想像できよう。だが、考えてみれば当たり前である。英語さえ完璧ではない外国人を英国の一流企業のプロジェクトに使うような物好きなマネジャーはいない。今でこそ、あの頃の苦しみと比べればどんなに多忙でも幸せな気分でいられるのだが、当時は自己嫌悪に苛まれ、つらい毎日を送っていた。

仕事だけではなく、生活することさえ苦しかった。グローバル本社採用といえば聞こえはよいが、初の日本人新卒採用として特別に扱われることもなく、新卒のイギリス人の見習いと同じ条件だった。手取りはわずか10万円ちょっと。家賃を引くと手元には3万円ほどしか残らず、それで妻を養わなければならなかった（正直にいえば、暮らしていけないので、途中からは働きに出てもらった）。

英国が不況だったこともあり、一年たち、二年たち、一人また一人、会社をクビになっていく。白髪が増える。血尿が出る。レイシスト（人種差別主義者）の言葉に苛立つ。家では心配そうな顔をした妻が待っている。「アップ・オア・アウト」（試験に通らねばクビ、昇進できなければクビ）という何とも響きの悪い言葉が身近な現実として迫ってくる。会計や税務に興味がまったくなく、ぬるま湯の学生生活を送っていた私にとって、日々の仕事に加え、毎晩と毎週末を資格試験の勉強に充てることは、地獄のようだった。

毎日が、異文化の壁との闘いだった。全てが初めての経験である。就職も海外生活も、英語での仕事も会計の勉強も、レイシズムが映画の中だけではないことを知ったことも。２００名の所属部門の中で東洋人が私だけというのもつらかった。思い描いていた生活とは似ても似つかない生活の中で、ただただ、もがき苦しんでいた。

しかし、私は一度たりとも自分の選択を悔いることはなかった。生き残るために、仕事も英国人の倍はやっただろう。そして最終的に、「これでダメなら仕方がない」という、ある意味で悟りの境地に達することができた。三次試験まで合計15科目の論文試験に合格し、修習を終え、日本のみで教育を受けた日本人としては初めて英国勅許会計士登録をした。英語も上達し、英国人部下を使いこなせるまでになった。

石の上にも三年というが、私の場合、五年すぎたあたりから運気は上昇していった。五年後にマネジャーに昇進し、小さいながらも個室と車が与えられた。その後、役員に昇進することができ、かつてのつらく苦しい自転車操業の日々を懐かしむ、いくばくかのゆとりが生まれた。

振り返ってみると、20年にわたる欧州での私の軌跡は、非常に泥臭い、ある意味では滑稽でストイックな、自己責任と自助努力の歴史といえるだろう。

人間だれでも、一生のうちに何度かはチャンスがめぐってくる。

そのときにチャンスを正確に見極める。

そして、素手でつかみグイっと引き寄せる。つかんだら放さない。

そういう力があるのか。常日頃から養い蓄えておけるか。

それが成功と失敗を分かつ。

本当のところ、自分のことは自分がいちばんよく知っている。

実力不足の自分。人のせいにする自分。努力不足の自分。自信のない自分。

いくら言葉でごまかしても、自分だけはごまかしきれない。

それを棚に上げて、野心ばかり膨らませても、チャンスは微笑みかけてはくれない。

他人や会社を怨もうが、夢想にふけろうが、チャンスの女神は素通りしていく。誰も助けてはくれない。


自助努力と自己責任。チャンスをつかみ、引き寄せるには、まずはこの二つを自分のモノにすることに尽きる。そこから全てが始まっていく。

私の場合、異文化の壁に何度もぶつかりながら、我武者羅《がむしゃら》につき進んできたが、いつ頃からか、壁が低く見えるようになった。むろん、今でも時折ぶつかってしまう。しかし、変わったことがあるとすれば、ぶつかっても、それを楽しむ余裕ができたことだろう。心の平穏・平静＝幸せ。それに気づくことができただけでも、幸せなのかもしれない。

自然を観て、世界を観て、日本を見る。そして、自分を見直してみる。すると、自分の中で確実に何かが変わり始める。まず日本を認め、自分を認めることから全ては始まる。そして、世界の中でお互いの違いを寛容の気持ちをもって認め合う。それが、コミュニケーションの本質であろう。人は、人と人とのつながりのなかでしか、生きていけない。人は何のために働くのか。その問いは、「人生とは何か」という問いにつながっていく。きっと、「仕事」と真剣に対峙していくなかでこそ、人は人生の目的を見いだしていけるのではないだろうか。

鉄則４　「９歳の壁」に挑戦せよ

リスニングに関しては、大きく分けて２つの考え方があります。私としては、以下の①の説（脳科学者）にも、②の説（音声医学専門家・耳鼻咽喉科医）にも理があると思います。そこで、２つを足して「できるところまでやってみてはどうか」とオススメしたいと思います。信じる者は救われます。

①「9歳の壁」は越えられない

「言葉を覚える能力は、一般に8歳までであると言われている。この年齢を過ぎると、新しい言語を覚える能力は急速に低下する。『9歳の壁』と呼ばれる脳の変化だ。こうした現象が脳に備わっている理由は明らかになっていない。しかし、私たちはこれを事実として受け止めなければならない。4〜8歳までの子供は、模倣本能が旺盛で、聞いたことをそのままマネをしようとする。その結果、音声を聞き分ける能力が発達する。しかし9歳までにその能力が終結してしまう。たとえば、5種類の母音「あいうえお」を持つ日本語を聞いて育ったとしたら、子供はこの5つの音を聞き分けられるようになるだろう。それに順応した専門回路が脳に組み立てられるからだ。しかし、こうして組み立てられた回路は9歳以降ほとんど変化することはない。こうなってしまってはもはや、日本語の3倍もの母音を含む英語に対処するのはとても無理な話なのである。もし、あなたが幼い頃、日本語しか聞いてこなかったとしたら、英語力をネイティブ並みに高めようという期待はおそらくかなわないだろう。脳科学的にいうならば、それは不可能なのだ。もしあなたが『L』と『R』を聞き分けられなかったとしても、それはあなたの努力不足でも勉強不足でもない。私を含め、中学生になってから英語を習いはじめた人は手遅れなのである」（『魔法の発音 カタカナ英語』池谷裕二）

②異なる周波数に慣れよ

「年齢に関係なく、耳の発達をやり直して聴覚をリフレッシュすることはできる。日本語の音声成分は主に低周波音域（母音言語）にある。英語の高周波音域（子音言語）にはアンテナが届かない。このため、「p」や「t」、「s」や「th」などの子音は聴き取れないし、聴き取れないから正確に発音できない。英語や米語を学ぶにはかなり長くアンテナを伸ばさないと音を正確につかめないのである。外国語を習う前の基本準備は、まず正しく聴き取れる耳の受信能力を高めることである」（仏人音声医アルフレッド・トマティスの理論の要約）

では、ここでは、著者の経験をもとに、「聞き取れない本当の理由」を探ってみたいと思います。

日本人が英語を聞き取れない理由

日本人が英語を聞き取れない理由は、大きく分けて２つあります。

①単語（熟語）を知らないから聞き取れない

②単語を知っていても聞き取れない

・音の認識に関する問題（発音）

・プロソディー（イントネーション、リズム、音変化等）に関する問題

・言語構造に関する問題

・カタカナ発音の呪縛
・文化的背景の知識不足（習慣、ジョーク等）

ここでは、耳ではなく「脳を鍛える」という視点に立って、考えてみたいと思います。人間の脳には、ウェルニッケ言語野と呼ばれる部位があり、この言語中枢で言語を捉え、理解します。しかし、耳から入った音が全てこの「言語野」に送られるわけではないため、皆さんは英語と格闘せざるをえないのです。人間は幼児の頃から複数の言語を聞いて育つと、この「言語野」の中に複数の言語処理部分を作り出します。例えば、日本語を聞いた時にはA部分が反応し、英語を聞いたときはB部分が反応し、フランス語を聞いた時はC部分が反応する、といった言葉ごとの受け持ち（言語処理部位）が脳内にできるのです。いわば言語処理のための「アンテナ」です。

しかし、日本語しか聞いて育っていない人の脳には、言語野の中で反応する「アンテナ」は一か所しかありません。ここで日本語も英語もフランス語もすべて担当しようとします。しかし、もともと日本語の音を処理するために作られたアンテナですから、キャパ的にも能力的にも限界があります。しかも、外国語の音のうち自分の耳（脳）に馴染みのない周波数をもつ音は、アンテナ（言語野）にさえ到達できないこともあります。脳が「雑音」としてはじいてしまって、「感覚野」という言語野のソトにあるアンテナに送ってしまうのです。私見では、日本語でさえロック音楽などの歌詞が聞き取りにくいのは、単に不明瞭な発音で叫んでいるから、という理由だけでなく、激しい音が「感覚野」を刺激し、歌詞のほうも（言語野に届かず）一緒に雑音として処理されやすくなるからではないかと考えています。

では、どうしたらいいのでしょうか？

日本人英語学習者は、脳の言語中枢に人工的に刺激を与えて、英語専用の言語野の芽（アンテナ）を育てなければなりません。

日本語と英語の「周波数」の違い

人間の脳はおよそ16ヘルツから2万ヘルツまでの音を聞き分けることができるそうです。執筆にあたって、私は「現地現物」の精神に則《のっと》って、実際にグーグルで無料のオーディオエディターを検索し、ダウンロードした上で、いろいろな周波数の音を聞いてみました。これは英語ではなく、「音素」です。残念ながら、中年の私には1万5000ヘルツ以上の音はほとんど聞き取れませんでした。ところが娘ははっきりと聞こえるといいます。どうやら、人間は年齢とともに、高い周波数を聞き取れなくなるようです（外国語云々《うんぬん》の話ではなく、音源の周波数のことです）。多くの言語学者が指摘しているように、それぞれの言語中枢で処理できる音の周波数帯は、言語ごとに著しく異なります。

・**日本語の主要音域**↓125～1500ヘルツまでの低周波数帯
・**欧米語の主要音域**↓イギリス英語（2000～1万6000ヘルツ）、
　アメリカ英語（700～4000ヘルツ）、フランス語（1000～2000ヘルツ）

特にイギリス英語の周波数帯には幅があるようですが、実際、「アメリカ英語のほうが聞き取りやすい」という日本人が多いのは、単に日本の英語教育がアメリカ英語ベースになっているだけではないのかもしれません。

このように、日本語で使われる主要な音というのは、英語等と比較すると非常に狭い周波数帯に集中していることがわかります。これは先ほど説明したように、英語を聞くと、日本語の主要音域と重ならない部分の音が、言語中枢に送られずに、感覚中枢に送られ「雑音」として処理されやすいことを意味しています。特に、英語の子音は高い周波数帯で発音される傾向があるため、低周波音域に慣れている日本人の耳（脳）には聞き取りにくいのでしょう。また、日本語では5つしかない母音が繰り返し使われるため、（低音の）母音ばかり耳が拾ってしまう傾向があります。一方で、英語には日本語にない母音も多数あり、それらはたとえ母音であっても聞き取りにくくなります。

ちなみに、日本人がなんとも思わない「ラーメンや蕎麦《そば》をすする音」（slurp）に対して欧米人が敏感に反応し、たいてい極めて不快な音として嫌がられるのも、文化的なマナーの違いだけでなく、もしかすると上述の脳と周波数の話に関係しているのかもしれません。

広い周波数帯の音を聞き取れる脳を作る

以上を鑑《かんが》みると、「英語のシャワーを断続的に浴びる」という「量的な視点」ではなく、成人の場合、「広い周波数帯の音を聞き取れるアンテナを脳の中に作る」という目的を最初に強く意識した上で「質的な視点」からシャワーを浴びる必要がありそうです。

脳の中に新しい処理部分を作り出すことは、大人にとっては簡単なことではありません。しかし不可能なことではないのです。池谷氏の言うように「ネイティブレベルにすることは無理」というのは正しいでしょう。しかし、ポイントは、ネイティブにこだわる必要があるのか、という点にあります。ネイティブレベルの聴解力というのは、雑踏の中で、自分に向かって話しかけている人の言葉を聞き取りながら（これはできるでしょう）、背景で流れるロック音楽の歌詞やラジオのニュースを聞き取ったり、雑音が多い環境下で、複数の人間が同時に話しているときに、自分に向かって話しかけていない人の発言を聞き取っていく力などを含みます。

多くの人にとって、ここまでのレベルに到達しなくても、十分に異文化コミュニケーションをとることができるので、そもそも「ネイティブ並みにする」という目標設定をしているとしたら、そこから変

えていかなければならないはずです。

このように、まずは目的を変えた上で、耳ではなく脳の重要性を認識し、根気よく英語のシャワーを浴びていくことが大切でしょう。これまでにリスニング力増強に失敗してきた人は、もしかすると、こういった視点が欠落していたのかもしれません。人間は耳から言語を習得します。極論すれば「聞き取れない＝話せない」と言っていいはずです。**「耳から脳を鍛える」という視点がリスニング上達には欠かせないのです。**

「わからない」は恥ではない

とはいうものの、一朝一夕には、アンテナはできませんし、「9歳の壁」があるとすれば、完全なアンテナを作り出すことは難しいかもしれません。従って、「弱い耳をいかに補っていくか？」という視点が大切になります。

日本人の場合、そもそも「質問する」こと自体に抵抗がある人が少なくありません。これは伝統的、文化的に「言挙げ」というコトバに象徴されるように、「質問は失礼、憚られるべきもの」という発想があるため、仕方ありません。そのように感じる人がいるとすれば、それはその人のせいではないのです。

ただ、**外国語を学ぶ以上は人格を変えなければなりません。**言うまでもなく、構造的な問題、つまり

「弱い耳」や「高周波数の音を聞き取れない脳」というハンディキャップを背負っているからです。従って、わからない時には躊躇《ためら》わずにその場で聞き返しましょう。「頷きマシーン」のごとく、わからないのにウンウン頷いていても、相手にはたいていわかっていないことが見えてしまいます。

一つ注意しなければいけないのは、日本人など非英語ネイティブスピーカーと接した経験の少ない英語圏の人の場合、ゆっくりわかりやすく話すこと自体ができない人も実際にいます。ゆっくり話すには、慣れが必要ですし、センスも関係してきます。この「センス」というのは人によって大きく異なります。

実は私は、日本語を少々解する人と話すのが、正直なところ、苦手です。テレビにでてくるデーブ・スペクター氏のように流暢に話せる人であれば問題ないのですが、ゆっくりとたどたどしく話されても、辛抱強く聞き続けられないのです。しかも、子供のような声というか、声が変にひっくり返って話す人が多いのでイライラしてきます（ここにも英米人と日本人の発声法の違いが見え隠れしますが、それに気づいていない人が多いようです）。こういうタイプの人が、英米にも少なからずいる、ということも、心の片隅に置いておくべきかもしれません。

従って、Could you slow down a bit?（もう少しゆっくりお願いします）やCould you say that again?（もう一回言ってください）といった単純な言い回しの繰り返しは、避けたほうがいいでしょう。いくつかの種類を使い分けることによって、「まったくわかっていない」のではなく、「より正確に話を理解しようとしている」という点をポジティブに相手に印象づけましょう。

- Could you expand on that please?（もう少し詳しく説明してください）
- I'm sorry but I'm lost. Would you please go over that last point again?（すみません、［私のせいで］わからなくなりました。もう一回最後の点を説明していただけますか）
- Sorry, you've lost me there. Could you clarify that for me?（すみません、ちょっと［あなたのせいで］そこの部分がわかりにくかったのですが。もう少し詳しく説明していただけますか）
- I'm afraid I don't clearly understand that last point.（残念ながら最後のポイントがよく理解できません）
- I didn't quite follow that point. Would you say it again as I think it could be an important point?（ちょっとよくわからなかったのですが。大切なポイントかもしれませんので、もう一度言っていただけますか）
- What (exactly) do you mean by that?（それはどういう意味でしょうか）
- I'm not sure exactly what you mean by …. Could you be more specific ?（その表現の意味がよくわからなかったのですが。もう少し具体的にお願いします）
- How do you think differently?（あなたはどう思われますか）（注）誰もが異見をもつ権利を尊重する含みをもつ表現。
- Where does that come from?（どういうことでしょうか）

・What's that all about?（どういうことでしょうか）
・What leads you to say that?（どうしてそのように言えるのですか）
・Basically, what you are saying is…, right?（要するに、こういうことですね）
・Would you please give me an example to illustrate that point?（具体的な例を挙げてもう少し説明していただけませんか）
・Let me recap your points.（ちょっとあなたのお話を整理させてください）

それから、「欧米人は論理的」というのも必ずしも正しくありません。もちろん、日本人よりも子供の頃からWhy? Because… で答える経験を積んできた人が多い点は否めませんが、だからといって論理的に話せる人ばかりではありません。従って、**「わからないのは、いつも自分のせいとは限らない」**という視点を持ちましょう。まくしたてる相手は、もしかすると頭が整理されていないのかもしれないからです。そんな時には、わからないことを相手のせいにしたっていいのです。卑屈になる必要は全くありません。にっこり笑って堂々と「わからない」と言い放てる心の余裕が肝要なのです。

実際、外国人であっても、頭がよく整理されている人の話は、理路整然としています。とてもわかりやすい。逆に、頭の中が混乱している人の話は、何を言いたいのかわからないものです。これって日本人でも同じではないでしょうか。わかっていない人に限って、早口でまくしたてたり、難解な表現や横文字を多用したりするものです。それと同じことが、英語を使う人の中にも起こるわけです。「よく考え抜かれた思考は明晰な表現をとる」という名言がありますが、これは古今東西を問わず普遍的な真理といえるのではないでしょうか。

鉄則5 日本語的感覚を断ち切り、何でもコトバにして表現する癖をつけよ

日本には、たくさんの神話（myth「社会の俗説・風説」）がありますが、その一つに「日本人は読み書きはできるが、聞いたり話したりするのが苦手だ」というものがあります。これは本当なのでしょうか？　特に「日本人は書ける」というのは本当なのでしょうか？

「英語の論文を雑誌に載せるときには、その雑誌ごとに規定がある。つまり、総文字数の制限や、どんなスタイルで書かなければいけないかなどといった制約である。規定を読むと、多くの雑誌で次のようなことが書かれている。『日本人の著者の方へ　英語のネイティブな人に文章をチェックしてもらってから論文を投稿してください』。もちろん、これは日本人だけが読む規定コーナー

ではない。世界中の研究者に向けて書かれたページだ。にもかかわらず、日本人向けにこうした一文がわざわざ付け加えられている。そのくらい日本人の英語下手は世界中で有名なのだ」

（『魔法の発音　カタカナ英語』　池谷裕二）

私は科学論文を書いたことがないので、個人的にこのような投稿規定の但し書きを見たことはないのですが、この方は活躍している科学者なのでおそらく本当でしょう。

人は「自分が何を伝えたいのか」という点について、必ずしも明確にわかっているわけではありません。特に日本の黙契《もっけい》社会の場合、明確にコトバを使って表現しなくても、相手はあなたの伝えたいことを見事に察してくれます。阿吽《あうん》の呼吸。以心伝心。そういう状態に慣れ親しんだ人にとって、英語を使って短く確実に伝えることは容易ではないでしょう。そこで、日本語で考えているときも、自分自身が「はっきりわかってないな」と思ったら、英語化してみてはどうでしょうか。外国語を使って思考を文字にしてみると、すっきり頭が整理されます。主語など省略が多い日本語と、何でも文字にしなければならない英語をはじめとする西洋言語との間で大きな違いがある以上、これはその差異を補うためには効果的な方法といえるのではないでしょうか。私は、日本人社員の日本語の報告書を読んでいても、英語的に読む癖があり、論理の飛躍とか不明瞭な部分がすぐ目につきます。そんなとき、部下には「ここのところを英語にしてみてください。意味が通じますか」と指導します。実際、論理上の問題があると、英語に訳そうとしても上手く訳せないので、相手もすぐに気づきます。

日本人の場合、大学では答案用紙にできるだけたくさんの文字を書いて、いかに熱意と努力を担当教授に示すかという訓練を積むのですが、会社に入ると最初に言われるのが「こんな長い文章を俺に読ませるのか?」です。結論ははじめに。字はたくさん書くな。字より表。表より絵やグラフ。とにかく一目で見てわかる資料を書け、と。とにかく、主語を省き、漢字の組み合わせで全体の意味を感知させるわけです。ですから、日本語の報告書を英語に直訳すると、意味がさっぱり通じないことが多いのは、ある意味で仕方ありません。おそらく、日本人は右脳でイメージをパッとつかむ方式が好きなのでしょう。短文好きな人が多いのも、そのせいかもしれません。そういう人たちは、当然、阿吽《あうん》の呼吸を期待しますが、異文化コミュニケーションでは、そういう期待はたいてい見事に裏切られます。**日本的な感覚ではしつこいぐらいに、ねちっこく説明しなければ、相手に自分の気持ちは伝わらないのだ、と割り切ることが大切なのかもしれません。**

「感想文」を好む情緒的な日本人

「僕が書いたエッセイが大学の入試問題に出たのですが、『この時著者は何を感じたのでしょうか。

次の四つの答えの中から一つ正解を選びなさい』というのです。僕はそのどれも感じてはいないのにです」（『日経ビジネス』渡辺淳一）

日本の国語教育では「作者はどう感じていたでしょうか?」という質問が非常に多いようです。良く言えば、日本の伝統である「情緒」を温存する役割を果たしてきた、といえるかもしれません。「幽玄さ」「もののあはれ」という表現にも象徴されるように、日本人は古くから右脳を使いながら情緒的な視点を持つことを大事にしてきました。これは、先述の左脳的な欧米流議論文化、説得文化とは真っ向から対立する概念であり、黙契《もっけい》社会の特徴と言ってもよいでしょう。面白いことに、英米人の翻訳家は「もののあはれ」を仕方なくah-nessと訳したそうですが、新聞の社説にさえ一種の感想文が使われるのは、欧米人にはなかなか理解しがたい現象のようです。

しかし、国際社会では、感想文は評価されません。起承転結も必要ありません。「徒然《つれづれ》なるまま」も駄目です。必要なことは、いかに簡潔に、わかりやすく伝えるかに尽きるのです。そして、それを助けるのが論理構造といえるでしょう。

第1章でも触れましたが、大正末期に東北帝国大学で哲学を教えていたドイツ人講師のオイゲン・ヘリゲルは、当初、矛盾に満ちた弓道名人の説明や非合理的な教授法に疑問を持ったようですが、多くの葛藤を乗り越え、道を極めていきました。そのヘリゲルが、情緒的な日本人のコミュニケーション方法について、次のように示唆に富む指摘をしています。再び引用します。

「日本人にとって言葉はただ意味に至る道を示すだけで、意味そのものは、いわば行間にひそんでいて、一度ではっきり理解されるようには、決して語られも考えられもせず、結局はただ経験したことのある人間によって経験されうるだけである」(『日本の弓術』オイゲン・ヘリゲル)

しかし、それでは駄目なのです。論理構造を巧みに用いて、表現方法を工夫していく姿勢が大切です。ロジックと(説得の)レトリックは、あなたの主張を明確に相手に伝える手助けをしてくれる「大人のコミュニケーション手段」なのです。そして、国際化が急激に進展する日本社会においても、不可欠な資質(スキル)と言えるのではないでしょうか。

さて、そうは言っても英語を話していて、日本語的感覚を引きずってしまう人がいます。そうならないためにも、よく見かける問題点と対策法を7つ列挙して考えてみましょう。

①事実と主張のチャーハンはマズい

日本語の表現方法を観察してみましょう。一つの特徴として、とにかく長い点が挙げられます。だらだら長いのです。そのせいか、日本人の英語もかなり長いようです。

長いということは、どういうことでしょう?

それは、事実も主観もごちゃ混ぜになっているということです。これでは、「事実」と「主観」（主張）を分けることが常識である欧米人は、聞いていて混乱してしまいます。試しに「スティーブは親しみやすい経営コンサルタントだ」を訳してみましょう。日本人はたいてい、Steve is a friendly management consultant. と訳すはずです。しかし、事実と主観を一文に混ぜて表現することは、一般的に英語では悪文の証《あかし》と考えられています。

この場合、「スティーブは経営コンサルタントである」は「事実」です。一方、「スティーブは親しみやすい」はあなたの「主観」（観察事項）です。そこで、Steve is a management consultant. He is friendly. と事実と観察事項を2つに分けたほうが、あなたの主張は欧米人にクリアーに伝わりやすいのです。そうは言っても癖はなかなか直りませんので、日本語で文章を書くときも「一文一義」で表現する練習をするといいでしょう。

② be動詞を避けよ

日本にはbe動詞が好きな人が多いようです。おそらく日本語ではbe動詞を使う表現が多いからかもしれません。しかし、英語では、なるべく一般動詞を用いて能動的に表現したほうが、文章に説得力を持たせることができる、と考えられています。

「生にとって同一ということはない。絶えざる変化こそ生の本質である」There is nothing permanent except change.（ヘラクレイトス）のように、be動詞は文章の持つ生き生きとした感じを奪ってしまう力があることが、古代ギリシャ時代より指摘されてきました。このため、文法的には何ら誤りのないI am an employee of ABC Bank. と言うよりも、I work for ABC Bank. と言ったほうが英語的な文章になります。ささいなことかもしれませんが、英語では案外こういった「躍動感」が大切なのです。

③受動態を避けよ

英語でも、受動態を使うことはあります。但し、日本語のように何から何まで受動態で表現するわけではありません。ややフォーマルな場で、物事をぼやかしたり、玉虫色に表現したい時には受動態が適当ですが、それ以外ではなるべく能動態で表現することが英語圏の定石です。

特に、日本語のように受動態重視の母国語を持つ場合は、その癖を直すために、最初はかなり意識して何事も能動文で表現するように心がけるべきでしょう。先述のように、癖というものは、簡単には直らないのです。従って、例えば、I was spoken to by a Belgian man at the airport. と言わずに（ちなみに、この文は日本の受験英語としては自然だが、英米圏では不自然）、A Belgian man spoke to me at the airport. と表現したいところです。

④「抽象的な表現は大人の印」という幻想を捨て去ろう

日本人の中には、「抽象的な表現＝高級＝知性の印」という感覚をもった人が見受けられます。政治家、官僚、学者や専門家ばかりではなく、サラリーマンも同じです。実際、次のような印象をもったことがある人が少なからずいるのではないでしょうか。

・「偉い人の話はわかりにくい」（わかりにくくていい）
・「会議はわかりにくくてよし」（本音は酒席で確認すればよい）
・「若い奴は、はっきり表現しすぎる」
・「持論か一般論か聞き手が区別がつかないように響かせる技術が大切」

しかし、異文化コミュニケーションの観点から言うと、これは誤りです。本当に物事がわかっている人は、難しい単語を使わずに、わかりやすく説明できるのです。従って、例えば、いわゆるラテン・ギリシャ語源の「漢語」を避け、なるべくアングロサクソン系の「大和言葉」で表現するなど、具体化を心がけるべきでしょう（225頁参照）。

「抽象的、曖昧さは大人の印」ではありません。
「具体的、明瞭さ」こそ、国際社会における「大人の印」なのです。

⑤「否定形の心地よさ」を忘れよう

明確な表現を忌み嫌う日本人は否定語を多用する傾向があります。単純否定形のみならず、二重否定も頻繁に用いられます。確かに、こうした表現方法は主張をオブラートに包み、玉虫色に響かせるには効果絶大です。もちろん、英米人は常に白黒をはっきりさせて表現するわけではありません。しかしながら、はっきりモノを言う（つまり主張をクリアーに伝える）頻度は、日本人より断然多いのです。

問題は、何でもかんでもぼやかして表現する日本的感覚にあります。この癖は日本文化に根付いたものなので、意識して取り組まないと簡単には直りません。直すためには、最初は多少ぶっきらぼうに響くリスクを覚悟で、すべて肯定文で表現するような矯正練習を行なうべきでしょう。

（例）not appropriate［単純否定］をinappropriateとし、not inappropriate［二重否定］はappropriateとする。

二重否定は、上級者になって使うべき状況が判断できるようになってから使いましょう。

⑥「因果関係」をはっきりさせよう

日本人は省略文が好きです。主語がない文章にはじまり、結論のない文章、理由のない文章、何でもありです。例えば、次のような「依頼文」があります。

「このテレビの調子がおかしいのですが…」(Something is wrong with this TV.)
「お客さんが文句言っているんですが…」(A client is complaining about our service.)
「ナイフがないのですが…」(I don't have a knife here.)

しかし、こういう日本語をそのまま英文に直しても、So what?（だからどうしたの？）と欧米人に一蹴されてしまうのがオチです。英語的感覚では、まず「して欲しいこと」（依頼事項、つまり結論）を伝え、後で理由を付け加えるべきです。「観察事項」だけ伝えても、察することのできない欧米人は「だからどうした？」「どうして欲しいの？」と聞き返さざるをえないのです。もちろん、この例のような単純な状況では、あなたの要望を察することのできる欧米人もいるにはいるでしょうが、日本的常識からすると吃驚《びっくり》するほど「察する」ことができない人が多いのが現実です。

⑦「名詞よりも動詞」を使って表現しよう

日本人はなぜか名詞が好きです。名詞を多用すると、英語ではどうしても簡潔さに欠ける傾向があります。冗長になってしまうのです。例えば、日本人が好きな表現に Taking … into consideration,（…を考慮して）という表現があります。しかし、長ったらしく、簡潔さに欠けます。この場合、Considering…と1語で表現できるのですから、そちらを使うべきでしょう。余計な単語を使わずに、なるべくシンプルに表現したいものです。複雑な表現は、ホンモノの上級者になってから、状況を判断して使うべきなのです。以下、例も挙げておきます。

・agree > reach an agreement
・consider > give due consideration to

以上、日本語的感覚を断ち切り、何事もコトバにすることの重要性を論じてきましたが、最後にそういう感覚をもつ相手と仕事をするときに、初級者はどう対応すべきなのか、という点について3つだけ具体的な手法（ビジネス応用例）をご紹介します。

(1) まずは自分の専門分野や興味のあるテーマについて、常日頃から英語で書く癖をつける。外国人と話すときには、積極的に自分の土俵に相手を引っ張り込んで会話をリードするようにする。その際に、躓《つまず》いたところなどを復習し、さらに文章の精度を上げて、また次の機会に実際に話してみる。「書く」＋「話す」が大切。

(2) さらに、交渉の前に自分から交渉進行プランを英語で書いておく。内容についても少なくとも自分の主張については事前に書けるので、相手の反応も想定して、仮の議事録を先に作ってしまう。これにより、頭が整理できて、交渉で浮き足立つことを防げるだろう。但し、予想外の展開に発展した場合には冷静に対処することが肝要である。

(3) 会議や電話会議の内容を、自分が最初にまとめて相手に送るようにする。それにより主導権をとることができ、言葉のハンデを軽減できる。先手必勝。さらに、書く力もつけられる。

鉄則6　通じる発音とプロソディーを身につけよ

私は12歳の時から毎朝6時起きでＮＨＫのラジオ講座（「基礎英語」）を3年間欠かさず聞きました。お陰で、海外留学もせず、英会話学校にも行かず、つまりお金をまったくかけずに正確な発音（つまり、口の筋肉）を国内で身につけることができました。ラジオから聞こえてくる本物の発音を単純に真似《まね》し復唱し続けたり、後述のシャドウイング等、無意識のうちに行なっていたのも良かったのでしょう。「私の英語はＮＨＫラジオのお陰」と言ってもあまり信じてもらえないのですが、事実なのです。しかし、この方法は著者が子供だったから有効だった面も多分にあるでしょう。
ここでは、大人になってから十数か国語をマスターしたというドイツの考古学者シュリーマンの外国語学習法を応用して、この問題を考えてみましょう。

「そこで私は異常な熱心を持って英語の学習に専心したが、このときの緊張切迫した境遇から、私はあらゆる言語の習得を容易にする一方法を発見した。この簡単な方法とはまず次のことにある。非常に多く音読すること、決して翻訳しないこと、毎日一時間をあてること、つねに興味ある対象について作文を書くこと、これを教師の指導によって訂正すること、前日直されたものを暗記して、次の時間に暗誦すること」（『古代への情熱』シュリーマン）

シュリーマンの手法をまとめると以下のようになります。

(1) 非常に多く音読すること
(2) 決して翻訳しないこと
(3) 毎日1時間あてること
(4) つねに興味ある対象について作文を書くこと

(5) これを教師の指導によって訂正すること
(6) 前日直されたものを暗記して、つぎの時間に暗誦すること

「音読」は、昔から世界各国の教育に取り入れられているもので、脳科学の観点からも理にかなった方法です。上述のシュリーマンなどは、テープレコーダーさえなかった時代に、音読で十数か国語をマスターしたと言われています。音読は、正しく行なえば、発声法マスター、発音の筋肉増強、プロソディー (prosody) 感覚の体得を「一石三鳥」にできる素晴らしい方法です。

まず、発声法を考えてみましょう。読者の中にもすでに気づいている人がいるかもしれませんが、「日本語を話せる」という欧米人の日本語は、ほぼ例外なく素っ頓狂なトーンの場合が多いものです。そのことに気づいていない彼らには大変気の毒ですが、とても知的には聞こえませんし、たいてい子供の日本語のように聞こえます。明らかに彼らが英語を話す時の低く太い声とは著しく違うのです。言うまでもなく、同じことが、我々が英語を話す時にも起こりえます。

なぜでしょう?

それは、発声法とプロソディーが日本語と英語では本質的に異なるからです。口先を主に使う日本語と異なり、英語、特に米語は腹の底から声を出す場合が多いのです。

腹式呼吸の威力

高校生のころ私が実践したのが、腹式呼吸の練習です。慣れるまで時間がかかるのですが、最初は多少大袈裟に、あたかも歌う時と同じように横隔膜を振動させ、腹の底から声を出して音読してみます。肋骨に両手をあてて発音すると、横隔膜がきちんと動いて腹式呼吸になっているかどうかが確認できます（仰向けに寝て行なうと容易にできます）。しばらく練習を続けていると、自分の声が日本語を話す時とは明らかに変化するのが実感できるようになってきます。もちろん、腹式呼吸に注意しながら英語のカラオケで練習するのも効果的でしょう。

ちなみに、以前私は嫌がる英国人の同僚をカラオケに連れて行き、ビートルズを歌わせたことがあります。すると驚くべきことにネイティブスピーカーの彼の英語がまるで日本人の英語のように聞こえるではありませんか。人前で歌ったことがなかった彼は緊張のあまり、普段無意識で行なっている腹式呼吸が一時的にできなくなったのでしょう。腹式呼吸というのは、英語を話す上でそれほど大切なのです。従って、腹式呼吸ができるようになってから、音読を始めたほうがよいでしょう。

発音は口の筋肉から

次に、発音ですが、これは聞き取り練習とシャドウイングとを並行してやる必要があります。基本的に日本語と英語では発音する時の口の筋肉が異なるために、人為的に英語発音筋肉を鍛えなければなりません。日本人学習者は「発音は耳から」と思い込んでおり、「発音は口の筋肉」という認識が完全に欠けているようです。

しかし、「発音は耳から」というのは誤りです。もちろん、耳は大切ですが、繰り返し英語を音読して口の筋肉を鍛える視点は欠かせません。例えば、私の場合、日本出張からヨーロッパに帰ってくると、しばしば英語を話す口の筋肉が萎縮して（なまって）いることがあります。そんな時は、一週間くらいは毎日寝る前に、たとえ10分でもいいから、雑誌や小説などを音読して「筋トレ」に励みます。もちろん、「筋トレ」の前には、「ストレッチ」が必要です。私の場合、口を上下に、指が縦に４本入るぐらい大きく開けます。その時痛む筋肉が英語を話す時の筋肉です。おそらく、ほとんどの日本人は鈍い痛みを感じるはずです。痛むということは、使っていないということです。それから、１から１００まで英語の数字を大きな声で一気に数えてみます。この時、最初は息継ぎ9回ぐらいから始めてみましょう（慣れてきたら短縮していきます）。それが終わったら、雑誌や好きな小説を片手に音読を始めます。「筋トレ」は、これだけの単純な作業です。

次に「息継ぎ」(breath control) も大切です。一息で1から20ぐらい数えられるような息継ぎを習得することです。腹式呼吸ができていなければ10までももたないはずですが、後は呼気の出し方を工夫することによって長い文章を一気に読めるようになります。当然、力めば息は続きません。

それから、リスニング強化のためにも、文章を読む順番で、そのまま理解していくことが大切です。いちいち後ろから前にもどるようなまどろっこしいことはやめましょう(聞いているときにそんなことをやっている時間はありません)。これをサイト・トランスレーション (sight translation 視訳) と呼びます。文章全体を俯瞰して意味を一気につかむ訓練が大切です。さらに、パラグラフごとに音読したら、テキストを閉じて内容を日本語で説明するという方法もあります (「逐次通訳」の練習)。

発音よりも大切な「プロソディー」

日本では「発音」に対するこだわりが強すぎるような気がします。もちろん、発音が大切なことは確かです。しかし、発音と同じくらい大切なプロソディーについての認識が完全に教育システムから欠落しているのではないでしょうか。

プロソディーとは何でしょうか?

簡単に説明すると、次の4つの要素から成る「英語らしさの素」のことです。

①リズム

英語は強音節が基準となって一定の強弱パターンを繰り返す言語です。一方、日本語やフランス語は音節ごとの時間を一定にして繰り返す言語です（つまり、比較的フラットで強弱はつけません）。日本人は、英語の強音節に気を取られている間に発音される弱音節（弱く、速く発音されます）の聞き取りに苦労するようです。また、日本人はどの単語も同じ強さで発音する傾向が強く、英米人には聞き取りにくいようです。

②アクセント

日本語は音の高さでアクセントを区別する「高低アクセント」型と呼ばれています。例えば、標準日本語で「雨」と「飴」は音の高低で区別されます。

一方、英語は「強弱アクセント」型と呼ばれ、発音の際の呼気の強さによって区別します。強いアクセントが置かれる単語は、より「長く」「高く」「はっきり」と発音されるので、少なくともネイティブスピーカーには容易に判別できます。

③イントネーション

日本語と異なり、英語では抑揚が重要です。大別して、上昇型、下降型、平坦型の３つがありますが、それによって相手に与えるニュアンスも著しく違ってくるので、厄介です。イントネーションは英語の中でも最も難しい領域のひとつですが、中級者は意識的に取り組むべき課題といえましょう。

④音の変化

日本語と英語を構成する音素をそれぞれ比較してみると、我々が乗り越えなければいけない試練の大きさが客観視できます。なお、以下の数は大まかなもので、言語学者によって異なりますが、参考までに記載しておきます。

・日本語には母音が5つ、半母音が2つ、子音が17
・英語には母音が13、半母音が3つ、子音が21
・英語と日本語の間には共通しない音がある（例　ラ行）

複雑な英語特有の音の変化

上述の音素が複雑にからみあうと次のような音の変化現象が起き、日本人英語学習者を悩ませます。

●**消失**　弱音節で音素が消えること。（例）station　ステイシュン（曖昧母音の消失）
●**脱落**　消失と異なり、単語が連結する際に音が脱落すること。（例）good day は gooday（グデイ）のように発音されることがあります。
●**弱化**　意味を示さない品詞（冠詞、接続詞、前置詞、代名詞等）が強調されない時に弱く発音されること。（例）know her では h は非常に弱くしか発音されず、「ノウアー」となります。
●**短縮**　いわゆる短縮形のこと。文字では区別できるが音では区別しにくくなるものもあります。（例）should've シュダヴ > should have
●**連結**　フランス語でいう「リエゾン」のこと。（例）in an hour は「イナナワー」のように発音されます。
●**同化**　2つの音が合わさってどちらかに統合されたり、第3の音を作りだすこと。（例）have to は「ハフトゥー」「ハフタ」となり、As you know は「アジューノウ」となります。

しかも、これらのいくつかが同時に起こることが常であり、日本人学習者を苦しめるわけです。例えば、I've never been there.（アイヴ・ネヴァー・ビンネア）では「短縮」「弱化」「連結」が同時に起きています。一方で、日本語の癖からか、話す時に存在しない母音を入れて発音する傾向があります。

プロソディーに慣れるにはシャドウイング

日本の英語教育では、プロソディーの重要性に対する認識が十分ではなく、当然プロソディー感覚を鍛える方法も一般にはほとんど知られていません。この例外として同時通訳訓練が挙げられます。通訳者たちはプロソディー抜きにして正確なリスニングができないことを熟知しており、古くから様々な手法を訓練に用いてきました。その中でも特に「シャドウイング」（shadowing）が一般英語学習者のプロソディー感覚強化には有効と言われています。同時通訳というと英語の相当できる人用という印象をもたれるかもしれませんが、誰にでも簡単にできる効果的な練習法ですので、挑戦してみましょう。

シャドウイングとは、音を聞きつつ、「影のように」聞いた音をほぼ同時に発音することです。音に集中し、「音と一体化」するような気持ちで行ないます。まずは、日本語でやってみると、感覚がつかめるでしょう（慣れるまでは日本語でもやさしくはないかもしれません）。

なぜシャドウイングは効果的なのか

シャドウイングのメリットは何でしょう？

それは次の3つに集約されます。

(1)　英語特有のプロソディー感覚の体得
(2)　発音の矯正
(3)　英語構文に対する慣れ（「聞く」＋「話す」力の強化）

聞こえない部分があっても、意味不明な部分があっても構いません。力まずにひたすら集中して「音との一体化」をイメージしましょう。そして、口を動かし続けてみることです。なお、最初は映画のように短い会話がぶつ切りで流れてくるものよりも、英語がシャワーのように流れてくる教材のほうがシャドウイングしやすいので、ニュースなどで練習してみるといいでしょう。「ニュースではきつい」という場合は、NHKの「ラジオ英会話」や「続基礎英語」のCDを買ってきて「今週のスキット」（一週間分まとめて流す部分）だけを使ってシャドウイングしてみるといいでしょう。ニュースと違って、完全なスクリプトもテキストにあり、内容の確認も後でできます。自分の弱点の把握、特に「どういう音が聞こえないのか」、言い換えれば「あなたの脳がどういう音を〝雑音〟処理しているのか」（先述のように、「言語野」ではなく「感覚野」による処理）という点が把握できるようになるはずです。特に子音に集中することが肝要です。慣れてきたら、映画のDVDを使ってシャドウイングしてみましょう。10回ほどやってから、字幕を見てどの程度正確に聞き取れているかを確認できます。

鉄則7 魔法のコトバ「まあ、いいか」

最後の鉄則は、完璧主義の呪縛から自らを解き放つことの重要性です。飽くなき改善スピリットと言えば聞こえはいいのですが、日本人は往々にして何事もやりすぎてしまう傾向があります。日本における自動車モデルの多さや携帯電話の機能の複雑さが、世界でなかなか理解されないのは、正に「過ぎたるは及ばざるが如し」を証明しています。

英語に限らず、変な気負いは必ず挫折に直結するものです。自虐的になる必要はありません。「ある程度のレベルまでは、誰でもいけるのだ」という心の余裕が良い結果につながっていくのではないでしょうか。例えば、LとRやBとVの違いが聞き取れなくてもいいのです。「ほとんどの日本人は聞き分けられない」という脳科学者たちの意見を素直に受けとめましょう。

以下は、何年も前に拙著で紹介した私の詩です。出版当時、多数の読者の方々から励ましのメールをいただき、意外に好評でした。英語学習者にも重要な視点だと思いますので、ここに引用します。

かつて中国には纏足《てんそく》という習慣があった。
女児の足を幼いときに固定してしまい、大きくならないようにする。

当時の中国の男たちの倒錯したフェティシズム。悪しき習慣だった。

纏足は、もうずいぶん前に廃《すた》れてしまったが、
今でも「こころの纏足」をしているひとは多い。
もちろん、本人は、がんじがらめの自分には気づいていない。
気づいていても、気づかないふりをしている。

石橋を叩いていると、何となく安心する。
コツ、コツ、コツ。
コツ、コツ、コツ。
だから、多くのひとは石橋を叩き続ける。なかなか橋を渡らない。

石橋を叩くのはいい。
だが、叩きすぎると渡り終える前に、橋を壊してしまう。
そして、一緒に自分も川の中に落ちて、おぼれてしまう。

石橋を叩くのはいい。

だが、考えてもどうしようもないときは、叩くのを止めてしまおう。

叩かずに渡ってみる。とにかく前に一歩進んでみる。

そして、落ち着いたら、また叩いてみればいい。


コツ、コツ、コツ。

コツ、コツ、コツ。


考えても、考えても、考えても、答えが見つからないとき。

がんじがらめになったとき。

口にしてみる。

「まあ、いいか」

口に出して言ってみる。

「まあ、いいか」

もう一度。

「まあ、いいか」

何度か続けているうちに、楽になってくる。吹っ切れていく。
考えたって仕方がない。無理をしない。自分を責めない。追いつめない。
それよりも、とにかく一歩前に進んでみよう。
考えるのは、それからでも十分間に合うから。

「まあ、いいか」

どんなに辛い状況にあっても
前向きな自分を、橋の向こうに見つけることができる「魔法の言葉」である。

コーヒーブレイク⑦

駄洒落を大事にする文化のダイナミズム

英語では韻は非常に大切である。そこで本書執筆にあたり、意図的に韻を散りばめてみた。皆さんはいくつ見つけられただろうか。「好奇心と行動力と根気」「神話は真実ではない」「多様性を楽しむ」「気づきのきっかけ」など、韻を踏ませると、日本語であっても、文章に躍動感が生まれる。「瓶ビール」「僕はボクサー」「スープ用のスプーン」「スキーは好き?」「ロシアの論理」といった日本語を聞いて、なんともいえない心地よさが感じられるようなら、あなたは難なく韻をモノにできるだろう。逆に、「駄洒落? オヤジギャグみたいで気持ち悪い」と感じるならば、意識して思考回路を変えていかないと、英語は上達しないだろう。

マインドセットを変えるには、日本語を話すときも、書くときも、常に韻を意識することが必要だろう。本書を書き終える直前、私は風邪をひき薬局に行ったのだが、無意識で次のような表現が口から出てきて、我ながら驚きを禁じえなかった。

「風邪の症状を緩和させる漢方薬をください」……頭韻3連発である。

韻は表現にパンチを加える香辛料である。地道にストックしておき、しかるべきときに使うようにすると、あなたの英語は確実に「大人の英語」に姿を変えていくことだろう。

以下、頭韻、脚韻をいくつか列挙しておくが、読者の皆さんも自分なりの韻のリストを作成することをオススメする。

- house husband（主夫）
- fall foul of（規則や法律などに抵触する）
- move from rags to riches（極貧状態から大金持ちになる）
- fellow feeling（他人の悲しみや苦悩に対する同情。［文語］）
- a red rag to a bull（相手を怒らせるもの）
- rant and rave（怒りで大声をあげる。同語反復だが淘汰されずに生き残ったのは頭韻のお陰であろう）
- chop and change（ころころ変える）
- There's a method to my madness.（混乱の中の立派な理由や秩序についてのシェイクスピア隠喩。『ハムレット』より）

・credit crunch（貸し渋り）

・waiting in the wings（自分の出番を虎《こ》視《し》眈《たん》々《たん》と待つ）

・Let's get away from the hustle and bustle of the city.（都会の雑踏から離れてみよう。イギリスではthe hurly burly of the cityともいう）

・the U.S. hire and fire culture（昇進できなければ解雇される実力主義の社風）

・We stayed in the cottage, snug as a bug in a rug.（居心地の良い宿に泊まった。この表現は１７００年代に遡る古い表現で、もともとは絨毯の中にいた蛾の幼虫が気持ち良さそうに見えたことから来ている。なぜ、この表現は３００年も生き延びたのか？　間違いなく、耳に心地よい脚韻の3連発のせいであろう）

・That is the name of the game.（それが大切だ）

・That village's claim to fame is that the prime minister was born there.（あの村の自慢のタネは、首相が生まれた場所ということだ。one's claim to fameとは「その人・ものが有名である理由」を意味する）

・Can dot-coms still attract the best and the brightest?（ドットコム企業は今でも最も優秀な人材を惹きつけることができているのだろうか）

・your family and friends（家族と友達）

- employee empowerment（従業員の士気を高めること）
- He was born and bred in Tokyo.（彼は東京で生まれ育った）
- Don't drink and drive.（飲酒運転はやめなさい）
- It is time to pull the plug on their plans.（計画中止の時期を迎えた）
- There were a lot of twists and turns.（紆余曲折 ups and downs）
- They are as good as gold.（あの子たちは本当に行儀がいい）
- agony aunt（雑誌などの人生相談、身の上相談コラムの女性解説者）
- creepy-crawlies（芋虫などの這《は》う虫）
- We cannot allow penny-pinching.（ケチるわけにはいかない）
- Now or never.（このチャンスを逃せば二度とチャンスは巡ってこないぞ）
- death with dignity（尊厳死。患者が自ら死を選択すること。physician-assisted suicide「医師の補助に基づく自殺」ともいう。医師や家族など他人の判断で患者に死をむかえさせるeuthanasia「安楽死」とは異なるニュアンス）
- conspicuous consumption（他人に見せびらかすような派手な消費行動。例えば、珍しい高級車を乗りまわす人は、こう陰口を叩かれるかもしれない）
- the sweet smell of success（成功の甘い香り）

「中級者」以上向けの鉄則

◎対象者⇩ＴＯＥＩＣで９５０点以上、英検１級取得者、英語圏のＭＢＡまたは修士号取得者など

このレベルの人たちが目指すことは、一言でいうと「大人の英語」を学ぶことです。コミュニケーションの目的は「相手の共感をいかにして得るか」ということに尽きます。ハリウッド映画にでてくるような、机を叩いて大声を出すような状況は（一部の業界ではあるのかもしれませんが）、通常はフィクションの世界です。第１章の新聞アンケートの回答の中に「英語だと微妙なニュアンスが伝わりにくい」というコメントがありましたが、実は英語にはたくさんの婉曲表現があり、日本語にも近い部分があります。実際、社会的ステータスが高くなればなるほど、極めて遠回しな表現を多用するようになります。しかし、そういう表現を日本人が自由自在に使いこなすには、相当の経験が必要になります。中級者の人たちは、取りあえず「基礎」はできているはずなので、次のレベルに進むための努力が必要です。

残念ながら、英語は富士山でいうと八合目まで行くのは他の欧州言語と比べて容易といわれているのですが、そこから先に行くのが最も難しい言語の一つとして知られています。従って、中級者や上級者が通る道は、茨《いばら》の道といっても過言ではないでしょう。ここを越えなければ、その他大勢と同じままで

す。ヤル気さえあれば、誰でも到達できる八合目までと違って、ここから先はかなり工夫して、継続的にトレーニングしていかないと、現状を打破してより高いレベルに到達するのは困難でしょう。

以上の注意書を踏まえて、数多《あまた》ある方法の中から、今回は3つだけご紹介しておきましょう。目的は、表現力を鍛え、能動的に「大人の英語」を使えるようになる点にあります。

① BBCの「HARDtalk」

すでに10年以上続いているBBCの看板番組。インタビュアーはスティーブン・サッカー（Stephen Sackur）。ケンブリッジ大学卒業後、ハーバードの大学院（行政学院）を出て、ワシントン、ブリュッセル、カイロ、エルサレムなどの支局で経験を積み、その後この名物番組の司会者として有名になった人です。いわゆる、英米社会のエリートがどういうタイプかを知るには最高の教科書になる番組です。

この番組では、スティーブン・サッカーが世界中の政財界のエリートや文化人と対話するのですが、英語学習者には3つのメリットがあります。

(1) 英語の多様性を知る

この番組には、英語圏のみならず、中東、アフリカ、アジアなど世界中の人が集まってきますので、

「グローバル共通語としての英語とは何か」を肌で感じることができます。もちろん、この番組に出てくる人たちは、各国のエリートが多いので、訛りのない人もいますが、なかにはかなり訛りの強い人もいますし、多様性を知るには絶好の教科書でしょう。

(2) 詭弁術を知る

スティーブン・サッカーの質問は、この番組のタイトルにあるようにタフな質問が多く、立場上受け手が必ずしも素直に答えられない質問が少なくありません。その結果、詭弁を弄する人が少なからずいます。また、政治家や社会活動家あるいは学者などの中には、民族問題等に関して、レイシズムを隠し切れない人もいます。しかし、サッカーはそういう時にも冷静にねちっこく質問を重ね、真実に近づいていきます。この番組を見ていると、「欧米人は論理的」というのが、極度に情緒的な日本人との単純比較論にすぎず、必ずしも誰もが論理的であるわけではない点が実感できるでしょう。以下は外国人の使う典型的な詭弁の例ですが、この番組を見ていると詭弁をかわすテクニックも学ぶことができます。

- 論点変更
- 「皆が言っている」(不可知の論証、顔のない権威)
- 虎の威を借るキツネ(尊崇の誤謬《ごびゅう》)

・悪＋悪＝善？
・論点先取は論証ならず
・マジック・ナンバー3（決まり文句「それは3つあります」など）
・両刀論法（ジレンマ　dilemma）
・統計の持つ毒
・「滑りやすい坂」論（slippery slope argument）
・出羽の守《かみ》（「〇〇では」「△△では」など）
・その他

(3) 質問力の本質を知る

サッカーの質問の仕方は、番組のテーマの影響もあり、イギリス人にしてはかなり直球的ではありますが、洗練されており、質問の仕方を聞いているだけで勉強になります。「言霊《ことだま》の幸《さきわ》ふ国」のジャーナリストと比べると、「議論のＤＮＡ」をもつジャーナリストという存在がいかに異なるか、という点がはっきりと認識できるでしょう。また、シャドウイングする対象としてもよい教科書になるでしょう。彼の信念は、「相手がもつ仮定に疑問を呈し、論点を深掘りして、真実に近づく」とのことですが、英米人が伝統的に得意とするディベートの手法、物事を相対化する手法を学ぶことができるはずです。

但し、番組のタイトルがHARDtalkですので、必ずしも婉曲表現を駆使した対話が展開されるわけではありません。第2章で、古代ギリシャの論理学の本の表紙には、じゃんけんでいう「グー」（拳骨《げんこつ》）の絵が描いてあり、説得学の本の表紙には「パー」（開いた掌《てのひら》）の絵が描いてあった点を記しましたが、どちらかと言うと、この番組はプラトン的、つまり「グー」（ロジック）の番組です。従って、アリストテレス的な「パー」手法、つまり「相手の共感を得るためのコミュニケーション」の教科書としては、必ずしも最適とはいえません。

ＢＢＣと言えば、かつては誰もがＲＰ（Received Pronunciation　容認発音）と呼ばれる正統派の英語を話していましたが、近年では英語の多様性をＢＢＣも強く意識しているようです。特にＢＢＣ1チャンネルは「大衆性」と「多様性」をキーワードにして視聴者の共感を得ることに主眼を置いています。例えば、「小学校の教師のような話し方」と揶揄されるFiona Bruceというアナウンサーやウェールズ・アクセントのアナウンサー（Huw Edwards）などは、かなり大衆的な英語であり、使う表現も先述のサッカーのように洗練されているわけではありません。一方で、BBC WorldやＢＢＣ2チャンネルは伝統的な正統派イギリス英語を使う人が多く出てきます。例えば、ＢＢＣ2ではJeremy Paxmanという人のNewsnightという人気番組が有名です。これは先ほどのHARDtalkにも似た直球討議番組ですが、婉曲表現ばかりのイギリス社会における人々のカタルシス（はけ口）になっているのか、非常に人気がありあます。英語学習者にとっても、直球表現が多いとはいえ、この人の英語は正統派の英語であり、いろいろ勉強になります。

なお、サッカーやパックスマンの英語の発音は非常にクリアーなため、これが聞き取れない場合は、残念ながら「中級者」ではありません。英検１級であろうが、ＭＢＡをもっていようが、ＴＯＥＩＣが満点であろうが、「初級者」と自覚して、自助努力を続けることが、上達への早道です。また、ＢＢＣがテレビで見られない方は、YouTubeやＢＢＣのサイト等で映像が見られます。

② 俗　語

聞きかじった俗語を得意気に使いたがる人がいます。俗語には魔性の魅力があり、特に初級・中級者を不必要に惹きつけ、惑わすことが多いものです。しかし、俗語は原則として上級者になるまでは使わない方が賢明でしょう。なぜでしょう？

第一に、俗語など使わなくても、十分表現できるからです。

第二に、間違って使って誤解されるリスクの方が大きいからです。この場合の誤解には、次の３種類があります。

(1) 人間性の誤解（野卑な人間と勘違いされるリスク）

(2) 英語力の誤解（英語がネイティブレベルと勘違いされるリスク）
(3) 品性の誤解（無意識のうちに子供っぽい、滑稽もしくは間抜けな印象を与えてしまうリスク。覚えたての表現を得意気に使っている子供を想像するといいでしょう。あるいは、嘘臭い雰囲気を醸し出すリスクもあります。棒読みの台詞《せりふ》を読む大根役者を想像すればわかると思いますが、嘘っぽく響くのです）

ところで、「俗語」の範疇に入る表現には、大きく分けて次の3種類があります。

(1) 日常の話言葉として一般的に使われる表現（「口語」と呼んだ方がいいでしょう）
(2) 親しい友人同士や特定の集団の中だけで用いられる排他的な特殊表現
(3) 社会的タブー視されること（糞尿譚《たん》、宗教冒瀆《ぼうとく》語、差別用語等）や侮蔑《ぶべつ》感情を強く含んだ表現

俗語薄命

俗語をたくさん紹介しても本書の趣旨に合わないので、興味のある方は俗語辞典の購入をお奨めします。ただし、使用にあたっては一点だけ注意させてください。

多くの俗語の寿命は驚くほど短いものです。生き残るのはほんのわずかです。正に「俗語薄命」、俗語

はどんどん淘汰されていく宿命を背負っています。優勝劣敗。弱肉強食。慣れ親しまれ「口語」に昇格するごく一握りを除くと、すぐに人々に飽きられoutdated（古めかしい）表現になり下がってしまうのです。下手をすると、辞書に載る前に廃《すた》れてしまうことさえ十分有り得るのが俗語です。

こう説明してもなかなか理解できない人が多いので、私はよく次の例を用いて説明します。「ナウい」という廃れた俗語を、おかしな発音で得意になって使っている外国人を思い浮かべてください。どれだけおかしいのか、本人だけが気づいていない。滑稽を通り越して、気の毒になるのではないでしょうか。なお、俗語辞典ほどではありませんが、一般の英和辞典にもかなり問題がある点を指摘しておきます。

結論としては、以上の分類を瞬時に行ない、ＴＰＯに応じて巧みに使いこなせるようになるまでは、「魔性の俗語」はお預けにしておいた方がよろしいでしょう。

③古今東西の名著を読む

中級者以上の人は、コンテンツが重要です。相対化して日本を、日本人を、そして自分自身を俯瞰できるようになるためには、物事の本質がたくさんつまった古典から学ぶことが近道です。何百年、何千年と風化せずに後世へ語り継がれてきた知の世界に、わずかな投資（すなわち本代だけ）で触れることができるわけです。これほどvalue for moneyな経験は他にないでしょう。以下、「本の虫」を自称する著者の独断と偏見に基づくオススメの本をいくつか列挙します（言うまでもなく、これ以外にもたくさん良い本があるので、例示に過ぎません）。

・鈴木大拙『新編 東洋的な見方』『禅と日本文化』『日本的霊性』（岩波新書・文庫）
・岡倉覚三（天心）『茶の本』（岩波文庫）、『東洋の理想』（講談社学術文庫）
・西田幾多郎『善の研究』（岩波文庫）
・オイゲン・ヘリゲル『日本の弓術』（岩波文庫）
・内村鑑三『代表的日本人』『後世への最大遺物・デンマルク国の話』（共に岩波文庫）
・小林秀雄『本居宣長』（新潮文庫）
・安部公房『砂の女』『箱男』（共に新潮文庫）
・新渡戸稲造『武士道』（岩波文庫）
・李登輝『「武士道」解題――ノーブレス・オブリージュとは』（小学館文庫）
・ヴィクトル・フランクル『新版・夜と霧』（みすず書房）
・プラトン『国家』『ソクラテスの弁明・クリトン』（共に岩波文庫）
・アリストテレス『弁論術』『ニコマコス倫理学』『形而上学』（すべて岩波文庫）
・キケロー『友情について』（岩波文庫）

・セネカ『怒りについて』（岩波文庫）
・チャールズ・ダーウィン『種の起源』（岩波文庫）
・シェイクスピア戯曲『ハムレット』『オセロ』『リア王』『マクベス』など
・ギリシャ悲劇（ちくま文庫、など）
・聖書『小型聖書——新共同訳』（文庫）など

このうちのいくつかは日本人が書いた本であっても、『茶の本』等のように最初から英語で書かれた本や英語に後から翻訳されたものがあります。よって「和訳が読みにくい」という人は英語で読んでみるとよいでしょう。当然ながら、古代の哲人たちの本はすべて英語で読めます。なお、第2章で対話した冨山和彦氏は、特に『ガリア戦記』（カエサル・岩波文庫）、『ローマ帝国衰亡史』（ギボン・ちくま学芸文庫）、『君主論』（マキアヴェッリ・岩波文庫）を推薦されています。

言語は文化です。異文化という「小宇宙」を臨場感をもって疑似体験するには、西洋社会の古典や名著を読み込むことです。それによって、あなたの中にも西洋人と同じ「小宇宙」が生まれるはずです。その上で、母国文化に関する古典等もじっくり読み込んでいくと、ある日、自分の中に「二つの小宇宙」が存在することに気づくことでしょう。これが「地球人」としての視座を持つための礎となります。そこから、中国・アジアやアラブ世界等の古典へと対象を広げていくといいのではないでしょうか。

あとがき

ヴィクトル・フランクルの不朽の名作『夜と霧』を読んだことがある読者は少なくないだろう。ナチス強制収容所で極限まで追い詰められた人間が何を思うのか、という点について、これほど冷静に切り込んだ作品は他に類がない。

時折、ほんの時折だが、日々の業務に疲れると、私はブリュッセルの自宅や出張先のホテルの一室で深夜、『夜と霧』を読み返しながら、何度か訪れた2つの街の風景を思い出すことがある。

・ポーランドのアウシュビッツ強制収容所跡
・広島の原爆ドーム

長年欧州で働いていて、時々根源的な質問を投げかけられ、答えに窮することがある。その一つが次の質問である。

「日本人はアメリカに原爆を落とされて、どうしてそれをああも忘れられるのか。どうしてここまで親アメリカ一辺倒になれるのか？　大国アメリカと協調していく必要があるのはよくわかるが、まるで何もなかったかのように振舞う、否、むしろ迎合的にさえ見えるのはよくわからない」

これはポーランド人からも、ロシア人からも、アラブ人からも、ユダヤ人からも聞かれた。そのたびに、「我々の強みは、過去をきれいさっぱり忘れ去ることができる点にある」と答えてきた。

一方で、「今でもアメリカには原爆投下は正しかったと信じている人が5割強いる」といった世論調査結果等を耳にすると、違和感以上のものを感じるのは私だけではあるまい。おそらく私は、反米思想の持ち主でもなければ、右寄りの人間でもない。一方で、アングロサクソン系の会社に長年いて、そういう現実を前にすると、しばしば大きなジレンマに苛まれてきた。

しかし、最近、ようやく日本人のもつ本質的な強さというのが、おぼろげながらわかってきた気がしている。「厳しいリアリズム（現実主義）とアイディアリズム（理想主義）のはざまで二分性を超越し、それを包含する力（不二性）」、これが日本人の強みなのではなかろうか。西洋的、一神教的な価値観、つまり物事を二つに分けて考え始めると、必ず分極した相対の世界、対抗の世界、争いの世界につながっていき、際限なき分裂と対立が始まっていく。我他、友敵、善悪、愛憎、白黒、主客などなど。だが、そうした観点からは、物事を本質的には解決できないことを我々は肌で知っている。鈴木大拙のいう「不《ふ》可見《かけん》にして、しかも了了《りょうりょう》として見あり」という境地の存在、その大切さを日本人は知っているのだ。

我々の想像を絶する過酷な経験のなかで「ナチス強制収容所で極限まで追い詰められた人間が何を思うのか」という点を徹底的に考え続けたフランクルが到達した視点は次のコトバにまとめられるのだが、これはそのまま日本人の本質的な力といってもいいのではなかろうか。

It is a peculiarity of man that he can only live by looking to the future — sub specie aeternitatis. (*Man's Search for Meaning*, Viktor Frankl)

前を向いてしか歩くことができない。
未来への希望を持ってしか生きることができない。
未来永劫の相の下に、物事を俯瞰し、正反合《せいはんごう》できる力、
それが人間の人間たる所以《ゆえん》である。
（試訳　森山 進）

sub specie aeternitatis（未来永劫の相の下に）……広島や長崎の人たちが、到達した視点は正にこの点にあったのではないだろうか。広島や長崎出身の読者の方にこのようなことを申し上げるのは僭越かつ非礼ではあるが、誤解を恐れずに、あえてこれを書こうと決意した理由がある。欧州から日本社会を

俯瞰していて、日本の若者が「未来への希望を失った状態」にあるような気がしてならないからだ。

先述のフランクルによれば、「未来への希望を失った状態」とは「人生の意味や目的の喪失」に他ならないという。「自分は何のために生きているのか?」という、根源的な問いに答えられなくなる状態、これをフランクルは「実存的空虚」と呼んでいるが、今の日本の若者の心性を一言でいえば正にこの点に集約されるのではなかろうか。「共同体」という親の余裕がなくなり、見捨てられてしまった人たちの虚無感。絶望。上述の「日本人の本質的な強さ」も、この世代の人たちにあるのか否か、私は自信をもって言い切ることができない。

強制収容所の過酷な生活の中で、生きる目的も価値も見いだせなくなり、次々と息絶えていく人々の中で、フランクルは「人間の実存的本質は、自己超越にある」ことに気づく。私は、日本の次世代にもフランクルの視点に少しでも近づいて欲しいと思っている。そのためには、まず何よりも個の確立、精神的自立について、日本人は真剣に考えていかねばならないだろう。

本書脱稿直前の2010年師走、私は欧州発日本行きの機内で、奇遇にも30年前の映画『銀河鉄道999』(原作　松本零士)を観た。これに刺激を受けて日本に着くやいなや続編のDVDを買い求めた。その映画の中で廃墟と化した未来の地球が出てくる。駅周辺は機械人間たちに占拠されていて近づくことさえできない。そんな絶望的な状況のなかで、大人の一人が立ち上がる。「若いっていいもんだな。どんな小さな希望にも自分の全てを賭けることができる。皆、わしらの倅《せがれ》が行くというんだ、行かせてやろうじゃないか」と言って、鉄郎を列車に乗せるため、機械人間との銃撃戦をやって全員討ち死にする。皆、息絶えるときに「後は頼むぞ」と言い残して。鉄郎という名の少年はそのお陰で列車に乗ることができたのだが、正に人類にとっての「夢」や「希望」のメタファーがあの少年なのだろう。正直なところ、平成生まれの読者の方たちがここに出てくる「鉄郎」だと思って、私は本を書き続けている。未来への夢を胸に抱く日本人を絶やさないために。

英語は手段である。だが、人生を豊かにする手段、そして「自己超越」をそっと後押ししてくれる手段であることを強調して、本書のおわりとしたい。

著者

《著者紹介》

森山　進（もりやま・すすむ）／スティーブ・モリヤマ

欧州の首都ブリュッセル在住（実際はモスクワなどに１年の５割ほど出張）。慶応義塾大学経済学部卒業。ベルギー王国カトリック・ルーベン大学院 MBA 修了。米国ハーバードビジネススクール TGMP 修了。イングランド・ウェールズ勅許会計士協会上席会員(FCA)、ベルギー王国税理士協会正会員。趣味は「異文化ウォッチング」：これまで 70 か国に延べ 300 回訪れ、様々な文化や人々を観察してきた。著書は中国、台湾等における訳書を含めると 13 冊を数え、近著には『日系企業のためのロシア投資・税務・会計ガイドブック』（中央経済社）や『人生を豊かにする英語の名言』『ビジネスに効く英語の名言名句集』（共に研究社）などがある。

著者の URL: www.geocities.jp/stevemoriyama/
連絡先：stevemoriyama@yahoo.co.jp（日本語可）

英《えい》語《ご》社《しゃ》内《ない》公《こう》用《よう》語《ご》化《か》の傾《けい》向《こう》と対《たい》策《さく》

英《えい》語《ご》格《かく》差《さ》社《しゃ》会《かい》を生《い》き残《のこ》るための7つの鉄《てっ》則《そく》

2011 年 4 月 1 日　初版発行

著　者　森山《もりやま》　進《すすむ》

発行者　関戸雅男

発行所　株式会社 研究社

〒 102-8152 東京都千代田区富士見 2-11-3
電話　営業 (03)3288-7777 ㈹　編集 (03)3288-7711 ㈹
振替　00150-9-26710
http://www.kenkyusha.co.jp/

印刷所　研究社印刷株式会社

装丁・本文デザイン　亀井昌彦

KENKYUSHA
〈検印省略〉

ISBN978-4-327-45237-7 C0082 Printed in Japan